新实体店

XIN SHITIDIAN YINGLI MIMA

盈利密码

——电商时代下的零售突围

丁兆领 ◎ 著

当新技术应用催生产业发展变革时，各商家就要顺应时代的发展。在新形势下找到新优势，而不是阻碍发展、抱残守缺。线上线下不仅要实现商品品类、服务体验的融合，还要实现价格的融合。

经济管理出版社

ECONOMY & MANAGEMENT PUBLISHING HOUSE

图书在版编目（CIP）数据

新实体店盈利密码：电商时代下的零售突围/丁兆领著 . —北京：经济管理出版社，2015.5

ISBN 978 - 7 - 5096 - 3738 - 8

Ⅰ.①新… Ⅱ.①丁… Ⅲ.①零售业—商业经营 Ⅳ.①F713.32

中国版本图书馆 CIP 数据核字（2015）第 088760 号

组稿编辑：张　艳
责任编辑：张　艳　范美琴
责任印制：黄章平
责任校对：超　凡

出版发行：经济管理出版社
　　　　　（北京市海淀区北蜂窝 8 号中雅大厦 A 座 11 层　100038）
网　　　址：www. E - mp. com. cn
电　　　话：（010）51915602
印　　　刷：三河市海波印务有限公司
经　　　销：新华书店
开　　　本：720mm×1000mm/16
印　　　张：13
字　　　数：180 千字
版　　　次：2015 年 5 月第 1 版　2015 年 5 月第 1 次印刷
书　　　号：ISBN 978 - 7 - 5096 - 3738 - 8
定　　　价：39. 00 元

前　言

电商时代，零售突破！

21世纪是信息社会，信息就是财富，而信息传递速度的快慢，对于商家来说，生死攸关！如今，互联网以其传递信息速度的快捷而备受商家青睐！

通过互联网，商家之间可以直接交流、谈判、签合同，消费者也可以把自己反馈的建议直接反映到企业或商家的网站，而企业或者商家则会根据消费者的反馈及时调查产品种类和服务品质，做到良性互动。

虽然目前网络销售占比还远远低于实体店铺的销售额，但是随着我国各级政府和有关部门加大了对信息技术的关注和扶植力度，以及电信收费之类的外部条件不断发展与完善，网店将在市场销售中占据更重的分量，对传统商业模式的挑战也将不断加剧。

2014年上半年，京城商业交出了一份满意的答卷：

根据市商务委公布的上半年商务运行情况，全市实现社会消费品零售额4272.7亿元，同比增长7.5%。尽管增速略低，但自3月起单月增长率连续4个月保持在9.4%以上，消费市场呈现逐月回升向好态势。其中，网上零售额同比增长53%，对社会消费品零售总额增长的贡献率超过一半。网上零售额占社会消费品零售总额比重达到13.6%，同比增加2.8个百分点。

根据市商务委的报告，2014年上半年限额以上企业网上零售额达581亿元，同比增长53%，对社会消费品零售总额增长的贡献率超过一半，创历史新高。2010~2015年，电子商务市场年复合增长率将达到46.1%，远高于全球同期的11.7%。

从发展趋势来看，网络零售对传统流通业带来冲击是必然的，但两者并非简单的零和竞争。在竞争中，相互借鉴彼此的优势，创新经营模式，线上线下融合发展会成为未来零售业的主流模式。

实体店要想不被电商冲击或者减少被网络冲击，必须转变思维方式，由卖普通产品向卖个性化产品转变；要走特色道路，努力实现从店员被动服务到主动个性化服务方向的转型；从售前服务向售前售后连续服务方向转变，提升附加值。

当新技术应用催生产业发展变革时，各商家要顺应时代的发展，在新形势里找到新优势，而不是阻碍发展、抱残守缺。线上线下不仅要实现商品品类、服务体验的融合，还要实现价格融合。

目　录

第一章　电商"对阵"实体店

★ "双十一"购物狂潮来袭

从 2009 年 11 月 11 日，天猫（当时称淘宝商城）开始在"光棍节"举办促销活动。其实刚开始的时候，仅仅是为了做一个属于淘宝商城的节日，让大家能够记住淘宝商城。选择 11 月 11 日，也是一个有些冒险的举动。

光棍节正好处于传统零售业"十一黄金周"和圣诞促销季中间，正是人们添置冬装的时候。当时，天猫只是想试一试，看看网上的促销活动有没有可能成为一个对消费者有吸引力的窗口。结果，一发不可收拾！如今，"双十一"已经成为电商消费节的代名词，甚至对非网购人群、线下商城也产生了一定影响力。

一个由电商发起的商业节日，正在逐渐演变为一场席卷全球的商业革命与文化热潮！北到格陵兰岛、南至智利，加上坐落在印度洋中的岛国塞舌尔和北美洲东加勒比海最东端的巴巴多斯，甚至包括世界最小国家之一的圣马力诺，超过211个国家和地区的消费者参与了中国电商发起的这场网购狂欢。

为了备战"双十一"，各商家纷纷出招：

阿里——为了保障2014年的"双十一"购物狂欢节的顺利，天猫事业部投入了近2000名员工，阿里巴巴集团总投入超过11000名员工，加上商家共投入了近百万的客服力量。

京东——在"双十一"京东与远洋地产联合推出了"11元筹1.1折房"的房产众筹活动。从11月11日零点至23点59分。远洋地产拿出包含北京在内的全国9大城市的11套房源。京东的"小金库"或"白条"用户只要支付11元就可以参与1.1折购房的抽取资格。

亚马逊——2014年11月11日，"亚马逊海外购"商店开始试运行。消费者登录亚马逊中国的网站就可以访问"亚马逊海外购"商店。在试运行阶段，商店依据中国消费者在亚马逊美国的浏览及购买记录选出80000个选品作为海外购商店首期选品正式上线。

功夫不负有心人！成绩斐然，电商笑逐颜开！

2014年11月11日，阿里的数据显示，1分11秒破亿元；凌晨刚过3分钟，狂欢节交易额就达到了10亿元；14分钟2秒，突破50亿元。

天猫开场38分钟28秒之后，交易额冲到了100亿元，其中无线占比45.5%。

截至2014年11月11日7时17分，天猫总成交额已经突破200亿元。

截至2014年11月11日10时51分，天猫总成交额超过300亿元。

截至2014年11月11日21时12分，天猫总成交额突破500亿元大关。

2014年11月12日凌晨，阿里巴巴公布了"双十一"全天的交易数据：支付宝全天成交金额为571亿元，移动占比42.6%。

如此巨大的销售额，不禁令人"叹为观止"！有网友调侃，"双十一"到了，电商乐了，快递疯了，零售商哭了。由"光棍节"演变而来的"双十一"购物节，不仅掀起中国网络零售热潮，更是对零售业造成了严重的冲击。

秋末冬初的季节，实体店商家本该满脸笑意迎接即将到来的羽绒服销售旺季，但因为受到网店的冲击，羽绒服销售情况并不乐观。

今年羽绒服的价格比去年低不少，而且新装上市就开始打折，就算是这样，也没吸引多少顾客。店主王女士算了一笔账，一年房租八九万元，每月电费等杂费约4000元，店员的工资约支付2000元，合计下来，每天至少盈利350元才能维持。

王女士说：在早些年不这么"疯狂"，早在11月份就已进入了羽绒服销售旺季，可是兴起的"双十一"，对羽绒服的"打击"就不用提了。

当网购、微购已经形成了一定的消费趋势，在如此惨烈的竞争环境里，实体店如何突围呢？最好与电商形成良好的线上销售与线下销售的整合模式，借力电子商务。实体店必须改变自己的销售观念，采取线上线下相结合的销售方式，走一条转型之路。

★ 网购凶猛

1. 网购规模占社会零售消费品比例

近年来，北京网上零售额增势迅猛。2010年北京市网上零售额仅为120.1亿元，而到2013年已增长到926.8亿元，三年时间里增长了近7倍，2014年仅上半年就实现了581亿元。相关负责人表示，随着电子发票的推广和应用，跨境电子商务试点的稳步推进，以及城市物流末端共同配送体系的不断完善，2015 年北京的网上零售额大约会占到 15% 的比重。

其实，高速增长的数字背后，是北京市电子商务龙头企业的快速发展和加速聚集。资料显示，在全国自营 B2C 网站中，京东、亚马逊、当当、国美在线等企业位列前十，交易规模占全国的 62.8%。2014 年上半年，聚美优品、京东在美国上市，相继成为国内最大的化妆品垂直电商和市值最高的综合电商。此外，6 家赴美上市的电商企业中，北京占有 4 席。

我国商业联合会发布的"2013 年我国商业十大热点展望"及其评述报告称：国内各种零售业态的成长性上，网络购物已连续多年保持第一。2012 年网购市场交易规模已超过 1 万亿元。

2014 年 7 月 30 日，来自第三方公司的数据显示，第二季度，网购零售市场规模占社会消费品零售总额的比例首次突破 10%。

2014 年 7 月 29 日，易观智库发布的《我国网上零售市场季度监测报告 (2014 年第 2 季度)》数据显示，2014 年第二季度，我国网上零售市场规模达 6511.72 亿元，环比增长 13.14%。

根据国家统计局公布的数据显示，2014 年第二季度，我国社会消费品零售总额达 62118 亿元人民币，网上零售规模占社会消费品零售总额的比例达 10.48%，首次突破 10%，比第一季度的 9.28% 提升 1.2 个百分点，网购渗透率再创新高。

此外，第二季度，我国网上零售 B2C（中文简称为"商对客"，也就是通常说的商业零售，直接面向消费者销售产品和服务）市场交易规模为 3204.7 亿元，环比增长 23.7%，B2C 市场在网上零售市场中的占比达到 49.2%。

其实，一直以来，第二季度都是传统的销售旺季，再加上 2014 年正好赶上了世界杯季，又有"6·18"等电商年中促销活动，在商家及市场的双重刺激下，消费者的购买力便得到了充分释放，整个 B2C 网上零售市场呈现较快速的增长。

从主流厂商表现来看，在 B2C 市场中，天猫市场份额达 52.4%，占据半壁江山；京东商城稳居第二，市场份额小幅提升；腾讯电商（QQ 网购、易迅网）则进入战略调整阶段，市场份额有所下滑；苏宁易购和国美排名略有提升；当当网凭借尾品汇和新品闪购，巩固图书市场的同时，在服装领域亦有所斩获；1 号店凭借在食品领域的精耕细作，进一步巩固了市场地位。

电商还是那些电商，但消费者的网购习惯已逐渐养成了。

从第二季度的数据来看，网购规模占社会消费品零售总额的比例突破 10%。业内人士表示，网购已成为消费者购买商品的重要渠道之一，随之而来的是消费者对购物的便捷性、服务性的更多需求，而这也成为电商开始关注的焦点，竞争已不再是比拼价格，而是趋于理性，重视服务。

随着电商行业目前的市场格局形成，其竞争也趋于理性化。如今的电商促销，已从过去单纯的价格战，转变为比服务、比物流、比品类资源，充分展示了各大电商在渠道、流量、经销商资源方面的实力，竞争更加回归理性。

行业人士表示，无论是对消费者，还是对整个电商业态来说，这都是一个积极的转变！

2. 实体店零售总额与网购总量的直观对比

如今，网购越来越狂热，正在使众多实体店陷入困境。在我国，随着电子商务的发展，很多实体店也逐渐沦为"试衣间"，网店对实体店的冲击越发明显。

电子商务发展迅猛

数据显示，2011 年我国电子商务持续快速发展，交易总额达到 8.1 万亿元，同比增长 31.7%，约为当年国内生产总值增速的 4.1 倍。其中，网络零售额超过 1.3 万亿元，同比增长 67.5%。

电商的井喷发展对传统零售商的商业模式产生的冲击，在2014年"双十一"促销中表现尤为明显。这些惊人的增长数字都有力地说明了，网购正渐渐成为商家和消费者的"香饽饽"。

网购不仅资源丰富，而且有着明显的价格优势，吸引着众多消费者从线下转到线上进行购物。由于省去了实体店面经营所需的店面租金、雇员工资等诸多成本，使得网店可以在进货成本与实体店一致的前提下，以更低的价格销售给网络用户。

同时，随着电子商务的不断发展，国内很多电商平台也开始注重用户体验，包括网站的建设、用户购物流程的优化，推出了货到付款、72小时到货等周到、便捷的服务，来满足消费者的需求。

电子商务日益完善的各项配套设施，给用户省去了大量的时间和精力，使网上购物变得十分便捷，因此越来越多的人喜欢网购并选择网购。

实体店不敌网购浪潮

与网络零售的持续升温相反，很多实体店逐渐成为"试衣间"，甚至面临着生存危机。数据显示，在2013年第一季度，我国网购市场交易规模同比增长36.6%，而传统零售企业增长仅为8.8%。2007年，拥有13万会员的上海明君书店各家门店关门；2011年，知名的民营书店"光合作用"，也由于资金等各种问题停业……网店正在以压倒性的销售业绩一步步蚕食着实体店的生存空间。网购趋势不可逆转，为了发展，企业要适应这种变化，积极主动改变商业模式。

同时，随着商业模式的改变，各企业发展过程中的优胜劣汰是必然的。但在网购的冲击下，实体店也不会退出，只不过发展空间会变小。传统零售商必须做出战略调整，以应对网店带来的冲击。目前，实体店要想实现逆袭，最重要的就是要走差异化路线。

与狼共舞，要差异化求突破

虽然网购规模逐渐扩大，但依然存在不少弊病，比如售后不完善、质量没保证等。而传统实体店却可以让消费者直观地体验到产品的细节，对于部分消费者来说，线下实体店依然是其购物的不二选择。所以，实体店与其大喊"狼来了"不如与狼共舞，对自己的发展模式进行一场革命性颠覆。

首先，寻找线上线下资源优势互补的机会。

实体店不仅拥有线下店铺累积的品牌，还有着稳固的用户资源优势，实现线上线下资源互补，可以把电商渠道定位为线下渠道消化库存的渠道。

苏宁就是线上线下融合的标杆企业。它融合了线上线下的优势资源，从传统零售发展为电子商务后，通过同品同价等政策，一举打破了自身实体店与电商渠道左右互搏的局面，将自身打造成了互联网零售公司。

其次，通过调整产品结构来寻求差异化。

实体店可以销售一些用户不敢网购的东西，比如化妆品、奢侈品。另外，网购产品大多数都是一些尾货和库存，实体店更要把控好新品的更新速度，根据时下潮流，迅速推出新款式，在新品更新速度上超越电商。

针对电商的短板，突出自己的优势，提升服务水平，搞个性化服务，做足体验，也是实体店的重要突破口。

最后，营销时间差异化。

如今，"双十一"、"双十二"已经成为电商购物"网络狂欢日"，实体店可以避开这些电商大战的当口，选择春节等电商歇业的时间点进行营销；同时，在店面布置和促销手段上，要积极寻找新突破。与其和对方正面交锋，不如展开错时、差异竞争。

随着传统实体店受网店的冲击日渐明显，实体店在夹缝中已经很难生存。只有积极寻找与网店的差异，并在差异化上下足功夫，实体店才能在电子商务发展热潮中保住自身的市场份额,留住自己的客户。

其实,不仅线上、线下差异化同存是行业发展趋势,对于消费者来说,网购与逛街购物也并不矛盾,只是按需选择的不同购物方式而已。

★ 电商与实体战的三个阶段

概括起来,企业从传统实体店发展到电商,大致经历了三个阶段:

批发电商 ➡ 平台电商 ➡ O2O

第一阶段:批发电商

即把库存交给电商代运营团队或者批发给电商运营团队,比如乐淘、好乐买,以及很多电商代运营商都是诞生在这个大背景下的。在这个阶段,企业的电商意识还不够,只是顺水推舟。结果,虽然消化了库存,却也伤透了实体渠道经销商的心。

第二阶段:平台电商

即自己组建电商团队做自家平台电商,甚至开发线上专供产品线和专属品牌,比如百丽的优购网,美邦的邦购网都是此类。

做平台电商风光无限,前景诱人,但 PC 时代的流量格局已经决定了传统企业自建电商是很难走出来的,只能成为所谓的"护城河"和"防火墙",用来提高同行做电商的竞争门槛。

第三阶段:O2O

即线下资源和线上资源全面融合。

这个阶段，众多年轻消费群被吸引到无线端，不管是搜索、查口碑，还是下单，都可以通过手机来完成，流量碎片化，企业要正视这部分消费群的需求。

★ B2C 对实体店的影响

B2C 是"Business – to – Customer"的缩写，其中文简称为"商对客"。

"商对客"是电子商务的一种模式，也就是通常说的：商业零售直接面向消费者销售产品和服务。这种形式的电子商务，一般以网络零售业为主，主要借助互联网开展在线销售活动。

2011 年 6 月，复旦大学校园内老书店关门，引起了人们对于网店冲击实体商铺的关注。随着我国电子商务飞速发展，网上商店渐行渐热，已经发展成为新生代消费者日渐青睐的购物新时尚。同时，网店快速发展也折射出许多让人深思的问题，比如网店是否会导致实体商铺空置？网店是否影响实体商铺的价格？这些问题已经越来越受到人们的关注。

网店压缩了实体店生存空间，一服饰店老板表示网店对服装冲击最大："至少一半的生意被抢了。我家几十家实体店从去年开始全面亏损，今年关得只剩下几家了，正准备全面关闭转行，房租、人工、税收方面根本无法和网店相竞争。"

就目前市场来看，高租金商铺绝大多数都是被品牌商家或大卖场所占据，而今各品牌商家也在扩张网店经营业务，这样必然会影响到实体商铺的扩展空间。

在住房大限时代，商业地产火热得力于广大投资客对于商铺价值的高预期，虽然住宅与商铺在同步增长，但是在入住率低、实体店受网店影响越来越严重的情况下，很多人也对商铺今后的价值产生了顾虑。

商铺价值受冲击短期不会显现

从经营的角度看，网店就像撒网，实体店则是竹竿钓鱼，谁收获的鱼多就不言而喻了。生意一天比一天难做，新进的货却发现网上都有卖的，而且价格更便宜，在网上几乎可以淘到全球各种商品……实体店经营的优势在不断缩小。

实体店的成本高了，商品的价格自然降不下来。而开网店不需要租金，成本低到可以忽略不计，价格的杀伤力当然是惊人的。

古人说"一铺养三代"，是因为没有其他东西具有商铺的功能，但现在网店终结了商铺的排他时代。商铺的价值在于其功能的不可替代，而当一个网店几乎不用什么成本就具有其功能的时候，中小商户自然就不愿意再花大价钱开实体店了，这样就会对商铺的租赁产生影响。

目前，网店的盛行会对实体店经营产生影响已成为不争的事实。虽然网店冲击商铺价格至少短期内不会显现，但是随着网购体系的不断完善，网店影响必然会更大。从我国现阶段来看，商铺仍然是投资的主流产品！

网店对传统商业挑战有限

"无租金"、"零库存"、"24 小时营业"等特性使网店充满生命力，自从淘宝网、当当网等一些购物网站开通以来，网络购物不仅打破了传统的商业模式，还对传统商业的营销理念、管理模式、价格体系、经营方式、物流配送等各个方面都带来巨大的影响，使传统商业面临一场全面的挑战。

在网店已成为不可忽视的营销现象下，越来越多的品牌厂商感受到冲击后，也开始进军网络；加上网上消费人群的不断增多，致使网络购物市场取得了爆发式增长，网上交易额更是涨势迅猛。统计显示，2014 年 11 月 12 日凌晨，阿里巴巴公布了"双十一"全天的交易数据：支付宝全天成交金额为571 亿元。

不可否认，除电子商务市场以外，其他任何市场都是很难出现如此高的增长率的。目前，正规的网上商店和卖场已越来越多，所涉及的商品种类已相当丰富。自从 2010 年 7 月 1 日《网络商品交易及有关服务行为管理暂行办法》实施要求国内网店"实名制"以后，网店经营发展得更加规范，信誉度也不断提升。

虽然目前网络销售占比还远远低于实体店铺的销售额，但是随着我国各级政府和有关部门对信息技术的关注和扶植力度，以及电信收费之类的外部条件不断发展与完善，网店将在市场销售中占据更重的分量，对传统商业模式的挑战也将不断加剧。

总体来看，受网店冲击较大的产品一般是质量可控的运动休闲服装品牌、时髦货、廉价品等，珠宝、餐饮等受到的影响就十分有限。网购的消费是比较单一的，关联消费相对比较少，无法取代百货和购物中心，因此高端的集零售、餐饮、休闲、娱乐于一体的城市综合网购中心受到网店威胁比较小。

★ 电商的实体店

在网购和实体店的博弈中，实体店纷纷试水网络店铺，当然，有些电商也将触手伸向了实体店！

京东

2013 年 8 月 21 日，京东在新加坡开实体店的消息持续发酵。京东与新加坡 iKnow 集团结成了战略合作关系，入驻 iKnow 在新加坡位于唐城坊的线下体验店，向当地消费者提供售前实物体验、售后综合服务、现场网络下单、到货自提等特色服务。

截至目前，新加坡体验店是京东全球市场唯一参与的一家体验店，而这也被外界看作是京东海外扩张迈出了更为重要的一步。

为何首次"试水"要选择新加坡？因为新加坡的消费习惯与国内市场有较高相似度，但当地 B2C 电商市场发展并不饱和；此外，新加坡面积不大，人力成本较贵，物流配送上支出相对较大，但 iKnow 集团的门店在新加坡覆盖很广，为京东开辟特别展示区域可以相对节约成本。

据说，iKnow 集团在新加坡的第 34 家体验店也会展示京东的商品，作为京东新加坡店业务在线下的体验店。

聚美优品

在传统零售拥抱互联网的同时，大型电商企业的线下布局也开始提速。继京东在新加坡借合作模式深入线下后，美妆电商聚美优品的首家实体店也于 2013 年 12 月 23 日落户前门。

聚美优品实体店营业时间从 9：30 到 22：00，开业之初店员基本都为男性。和活动多且调价频繁的线上产品价格比较起来，产品价格有一定的差距，但实体店大多数产品价格都低于商场专柜价格。

聚美优品开设实体店的想法和争议均由来已久。因为电子商务开设门槛太低，消费者对于线上化妆品有种天然的不信任。而化妆品又是一种极度需要用户体验的产品，所以必须要开实体店。

聚美的线下店并不以盈利为目的，更多的作用是宣传与推广，价格与线上持平或略低于线上。

好处一：在于增进用户体验。O2O 模式的核心就是线下体验，线上交易，特别是在美妆行业这块，用户的体验就更加至关重要。聚美优品开设实体店就是为了让消费者可以到实体店去尝试产品，与产品近距离地接触，跟销售人员进行面对面的沟通后线上购买，这也是聚美开设实体店的初衷和目的。

好处二：在于提升品牌形象，增添消费者的购物信心。化妆品产品鱼龙混杂，真假难辨，有水货、仿货，聚美优品线下开店可以进行正品的品牌宣传，接触线下消费者之后，增强消费者的购物信心，进一步往线上引导，一旦此类消费者对聚美优品品牌信任了，也不会转投他家。

好处三：拓展旗下产品的销售渠道。拓宽产品消费者的范围，可以更多地把 35~50 岁的消费人群收入麾下，对于平台更加持久的发展和 IPO 上市后的营销策略的制定大有好处。

红孩子

2013 年 9 月 28 日，红孩子实体店在朝阳苏宁超级店落地。这是继京东、聚美优品后，又一电商企业落地线下实体店。

2012 年 9 月，苏宁耗资 6600 万美元并购国内最大的母婴电商网站红孩子，红孩子被收购后，保留原品牌并独立运作苏宁易购的母婴品类。红孩子实体店主要结合苏宁广场和超级店两种线下业态模式陆续扩张，也可能尝试在苏宁其他电器店中开设"店中店"，探索出最适合的发展路径。

红孩子首家实体店占地超过 2000 平方米，经营品类包括：母婴食品、奶粉、服装、纸尿裤、玩具等全品类母婴产品，美素、雅培、美赞臣、亨氏、强生等国内外厂商入驻，品牌达近 500 种。

苏宁云商将线上排名靠前的产品引到线下，同时实行苏宁双线同价战略，实体店商品价格与线上商城保持同步促销，在价格上对母婴实体零售市场产生冲击。到店顾客可以通过扫描店内的二维码选择在线上自由下单，顾客在线上商城购物下单，红孩子实体店也可作为自提点，线上线下全面打通。

★ 电商革不了实体店的命

有人断言，电商的发展，意味着传统商业模式的末路。笔者却不这么认为！电商与实体店并非你死我活的关系，而是相互融合发展的关系。比如，实体店良好的购物真实体验，在相当长时期是无法被虚拟的网络世界所替代的。

不可否认，网购以不可阻挡之势成为耀眼的新经济形态，激活了国人的消费潜力。其实，"双十一"只是阿里自 2009 年开始，每年都会在 11 月 11 日举行的大规模消费者回馈活动。现在，这一天已经从一个普通的日子，逐渐成为我国电子商务行业乃至全球关注的年度盛事。

电商狂欢的背后，是落寞的实体店。创纪录的数字让阿里巴巴引领的我国电商一跃而起，也让实体店铺捏了一把汗，并感受到了四面楚歌。

面对电商的冲击，实体零售商发起了全面反击。比如，红星美凯龙、吉盛伟邦等 19 家家居卖场联合签名抵制天猫"双十一"，明令"不能变相让卖场成为电商的体验场所，不能让经销商成为电商的线下搬运工；厂家和商户在线上开展低价促销时，要向卖场等主要合作伙伴进行通报并将卖场的价格调至与线上一致；不许通过电商移动 POS 将卖场的业务转至他处进行交易"。

除此之外，面对电商的低价优势，实体商店也纷纷采取措施应对。比如，广州海印又一城打出了"11 月 11 日全场商品购三件起享受全单 1 折"，与天猫死磕到底；新世界百货打出了"60 天不打烊"、"新品低至 5 折"等促销手段；友谊股份则打出了部分商品与网络同等折扣的口号……"双十一"俨然演变成了一场电商和实体商店的生死之战。

从商业业态来看，大卖场出现的时候，传统超市并没有受到很大的影响；

传统超市出现的时候，很多杂货店还活得很好。电商出现后，对传统商业业态肯定带来影响，也会出现磨合，但究竟影响到多大程度，现在下任何结论还太早。

其实，在电商发达的欧美国家，电子商务也没有革掉实体店的命。电商和实体店不是你死我活、谁取代谁的关系，而是相互补充、此消彼长的共存关系。在电子商务的推动下，线上线下的融合将快速发展。

★ 两条腿走路

从网上"淘宝"，早就不是新鲜事了。由于网购具有不受地域限制、价格便宜等优势，让众多的年轻人成为忠实的网络购物者。"网络"、"实体"两条腿走路，成为未来商家经营的趋势。

实体店成网店"试衣间"

"今年冬天流行的一款大衣，在新玛特卖 1890 元，网上的一家代购店，才卖 1100 元！"工作两年的李小姐试过四五件后，选中其中一款，偷偷抄下货号，满意离去。

其实，像李小组这样的"抄号族"在我们身边并不少见。"可到柜台验货！"网店页面上的提示，使得实体店变成了网店的"试衣间"。

现在，很多年轻人就是为抄号而来的。有时候试了很多件后，却说要到网上买。的确很让人恼火！有些销售人员"炼"就了一双火眼，一般的顾客是不会对货号感兴趣的，如果顾客总翻看货号，他们就上去聊天，因为货号一般很长，打断他们的思路就不容易记忆了。但有些在试衣间里用手机拍的，他们也没办法。

有些品牌商说，自己被上帝忽悠了！不过，虽然面临这样的压力，品牌商的优势还是占主流的。对于成熟的消费者来说，更喜欢逛商场，不但可以体现身份和档次，货品的质量也更有保证。因此，为了吸引中低端消费者，有些商家就会推出打折和促销。

"网络"、"实体" 两条腿走路

除去一些假冒、仿造的产品不谈，为何同一品牌的货物，网店可以低价出售？低价格的原因主要来自"网店费用低"、"店主的身份"和"异地差价"几个方面，如表1-1所示。

表1-1　网店低价出售原因

原因	说　明
网店费用低	网店没有店铺租金、装修、水电等费用，而且不需要交税。因此，在成本上比实体店有着明显的优势
店主的身份	有的网店的店主就是某品牌商品销售员，他们利用自己的员工身份，用内部折扣价购买商品，然后在网上销售赚取差价
异地差价	有些店家，每到商场打折促销就会买进一些折扣力度大的商品，然后在网上卖给异地的顾客，从中赚取差价或者邮费

其实，与其花费精力与其对抗，不如两条腿走路！实体店不仅可以通过促销吸引顾客，还可尝试采取实体店与网店相结合的经营模式；在网上成功经营的商家，也可以转入实体经营。网络店铺与实体店铺统一经营，是未来商家经营的趋势。

那么，网店和实体店比较起来，哪一个更能胜出呢？现在，作这样一个比较，意义不是很大，因为网店和实体店都有各自的优点，谁都无法替代谁。虽然实体店有着悠久的历史，网店发展的时间还不是很长，但是它们发挥的作用都是不可替代的，未来经商的趋势是实体店和网店结合，线上线下共同发展。

在实体店铺和网上店铺共存的经营模式下，在互相促进的同时，商家要制定相应的策略来协调各店铺之间的关系，使实体店铺和网上店铺和谐共存，共同发展。在价格定位上，二者的价格要统一。很多人都认为网上的商品比较便宜，其实不然！如果二者有显著的价格差异，会影响实体店铺的销售。对商家而言，是得不偿失的。

总之，电子商务越来越成为一种重要的销售渠道，如何更好地利用这种渠道，如何结合门店销售，更好地为客户提供服务，是零售业电子商务的发展趋势，也是商家提高综合竞争力的重要因素。

第二章　实体店：困境与出路

★什么样的实体店无法被电商取代

在纯实体渠道时代，焦点在于商超渠道和自建专卖店渠道等各种形态的实体渠道之间成本博弈：大的商超比商场人流量大，但是成本同样高；自建店除了品牌店外，一般来说，非知名品牌的推广压力都比较大。当电商时代来临，商家纷纷进入了电商。

目前，网上依然以中小企业为主，能诞生一个年销售额过亿元的依托于第三方平台的网店是非常厉害的，但是对于实体店而言，这根本就不算什么，网店的发展最终还要依靠强大的厂商，而非贸易商。

如果实体经济在网络经济的发展中没有占到什么好处，网络经济是不会有长足发展的。由此可见，实体经济还是大有前途的！那么，实体店具备什么条件才不会被电商冲击或取代？

实体店不被电商冲击或者取代，根本就在于个性化，而非纯粹把产品当作基本属性的产品来卖。为什么到现在奢侈品都很难在网上发展起来？因为奢侈品是以体验和个性化服务为特征的产品，在网上很难感受到它的与众不同。因此，在未来十年内，会被电商冲击很小或者很难被电商取代的实体店，一定是以个性化服务和体验见长的实体店，即客户在店内购物将得到网上无法给予的良好的个性化服务。

促销拼价格，服务没体验，这样的实体店早晚要被网上冲击！网上需要的是产品的标准化、工业化，而非创意化。为什么网上可以发展快餐，但是不能发展五星级酒店的产品销售？这就是标准化和个性化的差别。

实体店要想继续做大做强，不被网店冲击，就要拼命发展自己的个性化体验。首先，有两点需要实体店完成：

第一，做好服务升级

从售前到售中再到售后，提升客户的服务享受。

林先生开了一家男鞋品牌专卖店，店面全部按照厂家要求进行装修，并且货品充足。然而，因为地段的原因，人流量不多，进店顾客更是冷清。

林先生每天都在计算着资金成本、房租人工费用，为此整天茶饭不思。而厂家居然告诉他，要多花点钱做宣传，多发传单，多进新潮货款。事实真是这样吗？是否多花钱做宣传、多发传单、多进货就能顾客盈门？

林先生想了一个办法，很简单：给予。凡给予者，必有回报。林先生请了一位修鞋老师傅，到专卖店门口，在门口前写了块广告牌。

标题：免费修鞋，老师傅 20 年手艺真工实料。

内容：不管您在哪里买的鞋，无论男鞋、女鞋、大鞋、小鞋，统统免费。

只是这么一个简单的广告牌，这几句话而已，过客从将信将疑到口口相传，从零零散散到三五成群，短短一个多月时间就让林先生的专卖店火了起来。

来修鞋的顾客要等鞋，在这段时间里，林先生都会在店里提供休息闲坐的椅子，甚至为免费修鞋的顾客倒水泡茶，在顾客离去的时候，还会再拿袋子给顾客包上鞋。而林先生从不会主动去缠住顾客推销鞋子，最多聊一些家常而已。

人们不会因为免费来修鞋而受到推销烦扰，所有来这里免费修鞋的顾客，在心里都会对林先生产生一种亏欠心理。这些顾客都在期待有机会回报林先生，这个机会就是：买鞋。

结果正如你所想象的那样，林先生的专卖店，生意一天比一天好。

如何提高服务质量，从林先生的例子可见一斑！

第二，提升经营手段

传统的促销就是打价格战，买赠、满赠等手段都是价格战的范畴，这点网上也是如此，这个要做，个性化的促销也要做。

张涛销售的工业品配件，主要是电工类备品备件，比如开关、配电器、电源、工业用灯等，有很多产品甚至无法在阿里巴巴上找到相应的供应信息。这类商贸生意通常是为工业区的工厂提供配套产品和服务。

千万不要以为这些既偏又专的行业无钱可赚。恰恰相反，这些冷门行业丝毫不逊色于民用产品。张涛店里仅有三位员工，一年却能赚到纯利100多万元，足可说明这个行业的特性，但主要的还在于张涛的客户营销服务观念。

张涛在做生意的很多方面，与其他人并无两样：遵守行业规则、保证产品质量、供应及时等。然而，他只比别人多做了一件小事，就比别人多赚了10%的钱。

张涛发现，在经营过程中，经常会发生这种事：工厂更换采购人员后，有近一半的新采购员会更换供应商。也就是说，一旦工厂更换了采购员，张涛就有50%的可能会失去这笔生意。如果要重新与这家工厂做生意，几乎要等到下一次更换采购员之时。

张涛发现这一点时，也是目瞪口呆。新采购员可以通过无数方式找到旧供应商的联系方式，比如找旧采购员的采购记录、找财务部门的发票记录、找生产部门的入库记录等。但是，如果新采购员手上没有现存的旧供应商联系方式，便会寻找新的供应商。

了解到事情的真相，就可以找出解决办法。张涛把联系方式印在小贴纸上面，然后贴在每个产品上面。这样，无论是谁见到这个产品，都可以看到他的联系方式，再也不用去寻找什么采购记录、发票记录、入库记录！

就是这么简单，只是一张小贴纸，张涛每年就多赚了将近30万元。

张涛的故事再一次告诉我们，实体店要想不被电商冲击或者很少被网络冲击，必须转变思维方式，由卖普通产品向卖个性化产品转变；要走特色道路，努力实现从店员被动服务到主动个性化服务方向的转型。

★实体店铺经营反击三大策略

如今，网购已经成为现代年轻人的生活习惯，年轻人的选择就是市场的选择，就是财富的选择。实体店不能继续迷糊下去，要认认真真地打好这场战役。

实体店有自己的传统优势，但是这些传统优势还远远不够，实体店还需要创造出自己新的优势，还要用这些优势去攻电商的薄弱之处，才能在电商大浪潮中分一杯利益之羹！

2014年，为了不让"双十一"成为电商独享的狂欢节，联商网、银泰商业集团、天虹商场、银座、家家悦、步步高商业、五星电器、宏图三胞、维客集团、孩子王、乐城超市等率先发起了"莲荷行动"，组建实体店同行的联合组织；同时，在"双十一"期间举办了"我国购物节"，将电商的节也变成自己的节，进行联合大促销。

联合行动下，参与的实体店同行之间开展了更多的深入合作和资源共享，包括联合营销、人才培训合作、O2O 技术对接、相互交流学习等。"我国购物节"虽然意在搭车"双十一"，但时间更长，一直持续到 11 月 16 日。

参与此活动的企业名单中，上万家门店几乎覆盖了我国所有的省份，辐射从一、二线到四、五线不同等级的百余座城市。从规模来看，年销售额在百亿元以上的零售企业达 13 家，除了发起单位外，还包括人人乐、重庆百货、合肥百货、潍坊百货集团、华地国际、新华都、南京中商、广西梦之岛、哈尔滨中央红、文峰大世界、天津津工、无锡商业大厦等企业，其中零售上市公司达 16 家。

所有参与企业中，年销售额在 10 亿元以上的企业达 68 家，占比近七成；涉及的业态有百货店、购物中心、大卖场、社区超市、家电连锁、母婴用品店、便利店、餐饮娱乐等全业态。

参与的企业大佬纷纷表示，将在购物节上推出"史上最大力度"的促销。对于这个行动的意义，他们强调不是"对抗"，而是线上与线下的联合。

实体零售商要想出一种能和网络零售商竞争的办法，而且还要不损害利润率，仅仅用折扣和优惠是不够的。那么，零售店如何生存下去呢？个性化和数据是两个拯救实体店的关键因素，媒介则可以通过手机利用这些技术。

1. 为什么是移动技术

从技术公司和零售商角度看，2011 年都会被视作移动购物年。现在消费者比以往任何时候都更多地随身携带手机，这使得他们能够访问应用、折扣、价格比较信息和支付机制等信息。研究表明，有 2/3 的智能手机用户在自己的手机上进行过购物活动，包括比较产品和价格，寻找优惠券，拍摄产品图片或寻找零售商店。

实际上，有超过 1/3 的用户会使用他们的手机进行购买。这些消费者在进入零售商店后，都会随身携带他们的手机并进行使用。实体商店要搞清楚的不仅仅是增加人流量，还有如何增加购买量和转换率，创造忠诚度和回报客户等。

手机是未来商店贸易的关键，实体商店的角色在未来将发生改变。网上商店不能提供的是一对一的个性化服务，这些拥有雇员的实体商店就能提供。店内购物也能获得立刻的满足，因为购物完成后用户就可以将商品带回家。而移动技术可以使得店内购物体验重新具有个性化特点。目前的挑战是要让这种体验与消费者花掉的时间和金钱相符。

eBay 目前正在试图利用自己的 Red Laser 条形码扫描应用，帮助实体零售店增加客流量。eBay 将自己定位为实体零售店的盟友，发起了一项新的促销活动，消费者只要在反斗城、Dicks Sporting Goods 和 Aeropostale 使用 PayPal 消费 100 美元，就能获得一张 10 美元的优惠券。

2. 如何将体验个性化：数据

实体商店可以利用数据，进行个性化服务，并将店内购物体验变得独一无二。不再是创建移动网站提供优惠券，这种体验只要集中在让消费者在走进商店后享受的就是 VIP 的待遇。亚马逊创建了个性化的电子商务，实体店也要使用同样的方法。

一些零售商正在试图利用视频和热图查看人们在商店中的活动、他们买了什么，等等。但这种数据有一定的限制，因为就在商店知道自己该如何布置、营销店内的商品时，零售商仍然不知道谁在买这些商品，以及如何让这些客户成为回头客。

利用交易数据，个性化才真正变得有趣起来。

Shop kick 就与 Visa 合作，当消费者使用 Visa 信用卡在零售商的 POS 机上付款时，有办法获得奖励积分。这是关闭交易回路的一部分。当消费者看到广告或商家的出价，交易回路开始；当消费者购买了产品，交易可以回溯到相关出价，交易回路结束。

这种方式对于实体零售店还比较新颖。利用 Shop kick 交易，实体零售商可以看见消费者买了什么商品，并基于购物习惯设定折扣和特价。这些都可以通过手机来传递。

当然，对于选择这种体验的消费者来说必须考虑隐私问题。但是许多消费者在购买数据、电子产品等商品时都使用了网络零售商的个性化数据，为什么不能将它引入现实世界呢？对于实体商店来说，这是个巨大的机遇。

PayPal 宣布，一种通过手机和 POS 系统的店内支付技术正在美国两个市场中的零售商店内进行测试。

这项技术提供基于地理位置的出价，允许使用任何设备进行支付，在消费者结账时提供更灵活的支付方式。用户将可以实时查看商店的存货情况，接受店内报价和实时 LBS 广告。尽管具体细节目前仍不清楚，不过看起来 PayPal 将使用地点和数据交易，来帮助零售商改善消费者体验。

零售商必须马上转到移动、个性化和数据的快车道上来。网络零售商只会更加咄咄逼人，在网络零售商开始加大利用自己手中的个性化数据之前，所剩的就是时间问题了。

实体店要迅速采取行动，向消费者提供独一无二的体验，否则就会有被网络零售商淘汰的风险。

★ 实体店会提供更多的审美体验

网店冲击之大，使得实体店经营步履维艰。网店冲击力与商品标准化程度成正比，比如图书类的产品，从外观到质量标准化程度极高，所以书店生存最为困难。而衣服标准化程度不高，不是因为衣服本身，而是因为消费者的审美。

同一件衣服，不同的人有不同的评价，和身高体形等多种因素有关，所以衣服实体店不会被冲击至死。未来的服装实体店，应当提供更多的审美体验！

1. 产品展示空间智能化

用特大屏电脑来展示产品，而不是摆放一排排衣服实物。实体店里将由多台大屏易操作的触屏电脑提供衣服展示，每位消费者用电脑选择体验产品。实体店仅在临街橱窗展示最具吸引力产品。

2. 增加舒适度

消费者在触屏电脑选择衣服时，可提供舒适的座椅、咖啡等。

3. 试衣间升级

一家实体店大部分空间是试衣空间，或者称之为审美体验空间，独立方便的试衣空间，多维度的审美空间，如实体店内有不同灯光分区，不同色系区等，让试衣者充分考量欲购买衣服。

4. 提供更多的搭配体验

全套搭配，从上至下，让消费者加深对欲购买衣服的喜爱程度，并购买其他配套衣物。

★实体店铺高盈利零营销模式

什么是零营销模式？零，意味着什么都没有，什么都不需要。零营销，就是没有营销的营销，不需要营销的营销。零营销就是站在这个角度和高度，以不同于传统的营销而做营销，以不争而争。零营销适合于任何行业、任何生意，更适合店铺老板。

大型企业拥有大量的资金和人才，它们有时间有能力去承担风险、承受失败。中小型企业虽小于大型企业，却也已有众多营销策划、咨询机构为它们服务。实体店铺，上无巨量资金，下无群贤英士，很多老板更是单打独斗闯天下。这些实体店铺老板，通常是投入毕生积蓄，甚至四处借贷，在极大的生存压力下做生意。他们无法进行一场大额资金投入赌博，经不起一次失败。所以，很多的实体店铺老板，为生意心力交瘁，哪有更多的时间和精力去研究营销。其实，店铺营销可以很简单！

营销是有层次的，从技巧的角度，层次一定是有高低的。但事实是层次就是层次，没有谁比谁高，面对需要产品的人，你就只能卖产品；面对需要服务的人，你就必须卖服务；面对需要思想的人，你的思想才卖得出去，营销就是坚定地做消费者认为对的事，营销根本没技巧！

这其实很简单，就像我们常说：你周围的朋友是什么样的人，就决定了你自己是什么样的人！对于营销就是：消费者的购买习惯决定了你的营销方式！没有什么技巧可以让你高人一等，关键是你是否能够做出让你面前的消费者认为正确的事！

营销虽然没有层次高低，但营销者其实是有境界的！最典型的描述就是："看山是山，看水是水；看山不是山，看水不是水；看山还是山，看水还是水！"

有这样一个关于石匠的故事：

有一个人经过一个工地，有三个石匠正在工作，他问石匠："你在干什么？"第一个石匠说："我正在做养家糊口的事！"第二个石匠说："我正在做一个最棒的石匠！"第三个石匠说："我正在盖一座教堂！"

从营销的角度，第一个石匠是看山是山，看水是水的境界，叫做花拳绣腿阶段，无论是营销员、营销经理，还是营销总监和总裁，处在这个阶段的还是大多数。无论身在什么层次，处在这个境界，他们为了获取掌声运用所有的技巧，他们只能做一件永远也做不好的事——养家糊口！

第二个石匠是看山不是山，看水不是水的境界，叫做内外兼修阶段，他们都是业绩优秀的销售者，他们有一技之长，他们崇尚最适合自己修炼的技巧，他们要修炼一种可以打败所有绝招的绝招，他想成为世界上最伟大的推销员，无论推销什么，无论面对谁！

第三个石匠是看山还是山，看水还是水的境界，叫做无招胜有招的境界。他们本身是没有绝招的，但面对不同的招式都能破解，他们是真正的营销者，技巧对于他们，已经成为累赘！

如果你真正想实现从销售到营销的跨越，请记住：营销根本就没有任何技巧，所有成功的营销都是最基本的常识的运用。

与客户打交道不是一心去盯着客户的口袋，而是功夫在诗外，通过你与客户的接触，通过一些小事，处处为客户着想，以诚待人，将客户当成自己的朋友，在此基础上与客户交往，让客户觉得你可以信赖，如此，客户回馈给你的也必是真诚。

销售技巧，在销售过程中是必不可少的，但那只是套路，教给你做事的流程，关键的销售还要看个人的表现，所谓三流销售靠产品；二流销售靠理念；一流销售靠人格魅力！很经典，也很值得思考！

（1）不强调营销，是没有营销的营销。不是让对方购买什么东西，向对方推销什么产品。而是我们想做什么事情，是先把我们的思想、精神打造出来，内在的修养和内蕴提升，内圣而外王。

（2）把我们能够做的事情，深深地贯彻到内心深处。比如，对于产品的认知、特点、给人带来的好处能够了如指掌。我们的言谈举止、行住坐卧，都流露出我们的本色、气质、精神面貌，无不彰显出产品的特色与价值。

（3）在遇到朋友甚至陌生人时，在适当的情况下，得体而礼貌地主动向人家问好，打招呼。

（4）唯恐不能为别人提供最好的服务与帮助，只想为朋友为客户提供最优质的产品与服务，并且始终站在对方的立场和角度，设身处地为对方考虑，看他最需要的是什么？首先设想到对方的需求与对方的利益。当我们站在为别人考虑的立场的时候，友情的基础就建立了，我们本来是天下一家人，亲情化一对一。

（5）时时刻刻内心充满感激之情，以敬天爱人之心，对待亲朋好友、上司及员工，时时谨慎与真诚。

（6）在适当的时候，便可自然地向他提供真诚的帮助和服务。

（7）用你的教育思想、教育理念，对身边的人产生益处，打动他，开启他的心扉，对他的生活、家庭、教子等方面，产生深刻而有意义的影响。

★ 实体店铺微信营销

随着微信用户的不断增多，微信营销也在悄然兴起。一批吃螃蟹者已在微信上安营扎寨，把淘宝店搬到微信上，而一些实体店也纷纷转战微信营销。

如果说目前大多数公司都只是利用微信自有功能的"借题发挥"，那么杭州有家知名服装品牌无疑是业内超前者，他们利用软件将微信做了二次开发，直接把网店搬到了微信上。

这家网站就把二维码挂到了天猫旗舰店的首页上，扫描二维码即可进入微信公众账号，乍一看，是一个与手机淘宝相似的页面，但是在这里购买，价格可以获得一定程度的优惠，支付时只要在购买页填入姓名、手机号、银行卡号，再输入验证码，可以直接完成付款。

据透露，上线不到半年，这家店已积累了 5 万左右的粉丝，目前微信网店的销售额占到了网店总成交量的 1/5 到 1/3。

电商企业做微信营销有天然的优势，拍照、设计、客服等体系化流程都是现成的，热衷网购和热衷玩微信的，差不多是同一群人。现在杭州微信公众号中，最牛的是蘑菇街，粉丝是几十万数量级的，其他行业的企业，关注量都只在几百到几千人之间。

但是将淘宝流量引流到微信上，是不是等于把钱从左手放到了右手？淘宝在电商这块占着越来越高的话语权，因此减少对淘宝的倚重，将鸡蛋放在不同的篮子里是眼下不少公司的选择。另外，移动互联网是大势所趋，哪怕就淘宝来讲，现在手机淘宝占淘宝总成交量的比例也在不断提高。

而更现实也更重要的一点是，对以流量为王的电商企业来说，利用微信的出色的交互功能，促进"亲们"的多次购买，是省钱又靠谱的做法。

据官网透露，目前微信用户数量早已突破 6 亿，而且用户数量一直呈几何式增长，这说明了一个什么问题？相信大家已经有答案，如果你已经在用微信，而且已经在用微信营销，我相信你已经感受到微信的威力。如果你还没有用微信，请你思考一个问题，现在的人，每天花最多的时间是在哪里？答案很明确：手机！

如何通过微信精准地获得客户？如何让客户主动添加你的微信，并带来购买力？怎样把微信这个聊天软件，变成我们营销的利器？

1. "公众号"的真正价值

客户就像鱼群，你要想把产品销售出去，就必须拥有自己的"鱼塘"——它相当于你的"客户数据库"，你必须收集大量的数据，掌握大量的鱼塘。

数据库里的客户越多，销售就越容易。所以，公众号真正的用途，就是充当了"客户数据库"，就是与客户沟通、维护的场所，打造微信公众号有血有肉的个体，不要冰冷地出现。

根据市场的测算，一个公众号的一个粉丝，相当于100元人民币，所以，一旦你捕获了10万个精准"会员"，只要发挥他的价值。那么，你一年将至少赚1000万元——无论你销售什么产品，绝大多数行业都有类似的规律。

记住："客户名单就是你的存款，公众号就是你的小金库。"要想"网上抢钱"，就要"手机里先抢人"，未来的营销只要把广告弄到消费者的手机上就是最好的营销。所以，你要尽快把潜在客户吸引到你的公众号上来。但是，该如何吸引呢？

"鱼塘第一原理"告诉我们："你的客户，一定已经成为别人的客户了；你的鱼，一定已经在别人的鱼塘里了。"你需要做的就是想办法在他人的鱼塘里找你需要的客户，变成自己的鱼儿。所以，你要想最快地扩张鱼塘，就必须寻找其他人的"鱼塘"，并巧妙地"渗透"进别人的"鱼塘"。但是，其他人的"鱼塘"在哪里？在"朋友圈"里！

2. "朋友圈"就是"超巨型鱼塘"

告诉你一个天大的好消息，你的海量客户，就在你的微信里，就在"朋友圈"里。根据"物以类聚，人以群分"的原理，我们知道，每个客户身边，必有一群我们的客户。

所以，请你设想一下，假如你的公众号里面，已经有100个客户了，每个客户平均有200个好友，其中有20个可能是你的潜在目标客户——实际上，随着微信客户的好友数量增多，潜在目标客户绝不只这么少，我们只做最保守的估计。

那么，你的潜在"鱼群"数量，应该是：$100 \times 20 = 2000$。也就是说，100个现有客户，相当于100个小鱼塘，可以帮你汇集起2000人的中型鱼塘。这2000人，本身相当于2000个小鱼塘，同样也可以按照20倍来估计你的"潜在鱼群"数量：$2000 \times 20 = 40000$，也就是4万。

4万个也就是4万个小鱼塘，那么，还可以继续扩张下去：4万×20＝80

万……根据这样的算法，只要你能把千百人的小鱼塘整合起来，那么，你的客户数量，就会像原子弹裂变一样，疯狂增长。

微信的用户数量，为何能在3年之内，从零增长到6亿多？因为它抓住人的需求，人性的东西，你不能拥有微信，但是可以拥有微信的使用权。就是因为它利用了人际的口碑传播，把每个人的朋友圈子都整合起来，把小鱼塘整合成超级鱼塘。甚至直接威胁了"中国移动"、"中国联通"这些大佬的市场，为什么出现微信，这些运营商直接亏损几十亿元？我上面的估算还算保守的，实际情况更为惊人。这种几何级数的增长，就是移动互联网的"神奇基因"。

3. "个人微信与微信群"就是"小型金矿"

如今，微信公众号的价值还没有完全体现出来，而个人账户就是你现在与客户沟通最好的渠道。首先是它满足人们的需求，把白富美、高富帅与屌丝结合了，是草根逆袭的最好的机会。也许你会发现你身边的朋友，特别是那些老总，以前是没有QQ的，但是现在他不能没有微信，都是用微信与他人交流。

也许你直接打电话给他，他不会理你，但是你微信联系，最少他会给你一个回复。特别是做营销的人，很多人也厌倦了电话、广告的挤压的推广，你何不先交朋友，再做营销呢？

4. 任何人都可以"10倍客户自动倍增"

到底该如何把千百名客户的小鱼塘"汇集"起来，都整合到自己的"公众号"这个大鱼塘里面来呢？要想实现"鱼塘"的自动整合，关键就是要设计好"整合模式"。

传销机制之所以传播速度快，就是因为他们利用了人们"图利"的心理——但这种传播机制是非常有害的。所以，千万不要模仿这种组织模式。

应该以更巧妙的方式去传播信息、整合鱼塘，像新闻事件的传播一样。

可以利用活动、公关事件等手段，自然而然地借助人际网络，借助朋友圈，就把信息传播出去了。只要信息传播出去，你的公众号也自然就获得了海量的客户。这才是最有效的，也是最隐蔽的"客户倍增系统"——任何人，任何行业，都有挖不尽的"新闻"，都有谈不完的"事件"，供我们创造与传播。

微信营销的影响范围并不小，要做的就是不断把这个范围扩大，同时塑造自己的影响力和品牌效应，从而达到自己的营销目的。

★ 重视客户体验

客户体验，也叫用户体验。顾名思义，就是用户使用商品后的最直接的感受。这种感受包括操作习惯、使用后的心理想法等。

苹果实体店经常是人头攒动，他们除了产品外，用什么能吸引如此大的顾客流？苹果创造了一种属于自己的店内购物体验，实体店体验简单、动态，而且客户也毫无压力，感觉和在线商店一模一样，很多人也因此成为了实体店的回头客。苹果公司究竟执行了哪些策略？能否给在线零售商和其他品牌一些启发呢？

1. 让顾客可以轻松地看到并体验到你的全部产品

每一家苹果实体店内都有数百个电子设备产品，但是只要顾客走进店内，总是能很方便地定位到自己所需要的那款设备。

举个例子，你可以很快找到最新的 iPad Mini 在哪里，然后去看看这款产品，并亲自体验测试一下产品功能。苹果店内所有电子产品都是功能齐全，而且都充好了电。

在这些打开的设备里面装载了许多丰富的内容，还有供用户体验的各种demo 应用。在每一款你想了解的产品旁边，都会摆放好一个清楚的标签，上面都对应产品的信息。

如果购物者需要体验更多内容，苹果实体店内员工会在你身边几步远的地方等着你的召唤，然后帮助完成下载，有时甚至还会手把手地指导顾客。

在线购物也应该用同样的方法，因为信息可以很轻松地挖掘到，也可以使用视频 demo 进行可视化的产品说明，此外，还可以为购物者提供额外的选择，比如当他们购买了一款电子设备以后，可以提示购买一些辅助配件。我们把这种做法称作"为购物提供内容信息"，消费者应该可以在你的网站上找到他们所需要的所有内容，包括产品的使用信息、用户评论、特殊功能，以及 a myriad of other informational aspects。

接下来的问题，就是要如何使用相关内容去定义或掌控你的品牌。网站上所有的一切都必须要做到"一站式"，包括一站式购买产品、一站式产品信息等，不妨想想苹果实体店是怎么做的。举个例子，如果消费者走进苹果店内购买一个最新款的 iPhone，所有的一切都可以在店内搞定，完全没有必要去像百思买这样的商店，但也应该做到这一点。

2. 买单交易简单化、流水化

苹果店内每一个员工，都可以随时随地使用自己的移动 POS 设备，帮助消费者完成买单交易。不用排队，不用等待，实时完成买单。

尽管许多在线零售商都希望让消费者可以有流水化的购物体验，也想了很多好心好意的方法，但是现状仍然相对比较复杂，且不尽如人意。消费者不希望在购物买单的最后一刻弹出一个需要安装支付插件的窗口，也不希望为隔日快递支付 4000 美元的担保金，消费者所希望的，就是通过几次简单的点击就能完成购物。

而且，如果不能简化购物流程，客户甚至会觉得你是想在买单的最后一步，再从他们口袋里多赚些钱。

3. 利用"社区"元素

苹果实体店不是那种传统典型的零售百货商店，在传统商店里，客户走在柜台外面，店员坐在柜台和付费窗口里面。在苹果实体店里，除了有Genius Bar以外，消费者可以随处看到穿着蓝色工作服的员工，这种购物体验会让消费者觉得自己身处在一个社区里面。

这种社区购物的感觉，能感染到店内周围的消费者。如果你和周围的消费者一起看上了某款电子产品，自然会一起沟通交流一下。

在线零售商也应该把这种社区元素放在自己的网站上，不能让消费者仅仅完成点击购买以后就走人。在线购物网站可以开设一些专家论坛，这样你不仅可以分享自己品牌的观点，还可以便捷地看到顾客对你的评论。

4. 保持购物体验清楚环境整洁

苹果实体店装修得很好，环境整洁，店内导航很方便，每款产品上都贴有清晰的说明标签。在线购物网站也要参照这种做法，网站上面不要有横幅广告，也不要有弹出窗口，保持一个整洁的界面，把产品放在页面的最上面或最中间。网站的视觉体验实际上就是在表达你的品牌。

5. 不要让消费者觉得仅仅是购买了你的产品而已

在苹果实体店里，用户可以使用不同的运营商设置，并激活自己的手机。为了能和外部供应商保持畅通，苹果会让消费者使用它们的 MacBook 笔记本去解决问题，消费者可以随意使用店内的苹果产品。

在线零售商也应该通过一种动态的方式，让网站访问者可以参与进来，通过阅读产品评论、加入粉丝社区等方法，鼓励这些人可以花更多时间融入自己品牌。

商业创新不是靠交易，而是靠体验来驱动的。正因如此，在线零售商们绝对可以把内容、社区以及交易整合在一起，为消费者提供一个无缝的数字化购物体验。这样才可以提升客户忠诚度，吸引不少回头客。

不可否认的是，要给客户完美体验并非易事。但是，不妨去寻找一些新颖的方式来提升端对端的客户体验。

1. 了解你的客户

客户知道什么是好的服务。他们希望通过自己喜欢的渠道，在每次与企业的交互中都得到好的服务。例如，年轻人更喜欢使用点对点的交流方式、社会网络和类似于聊天性质的即时服务渠道，所以实体店必须提供这些技术支持。你要了解客户的特征和偏好，确保可以用他们喜好的方式与之进行沟通。

2. 服务要与品牌相符合

忠诚于自身品牌很重要。你给客户提供的服务体验也要支持你实体店自身的价值定位。在这个信息爆炸的世界里，让客户了解你的企业定位格外重要。同时，一个品牌，代表了它未来的商场地位。根据品牌，能让人一眼就了解其服务内容，这是很重要的。

3. 整合交流渠道

在实体店的服务体系内，客户与实体店的交流不应仅限于某单一渠道，要能通过某一个交流渠道开始，再通过另一个交流渠道完成。例如，客户可以从打电话询问开始，而后从邮件中得到更多相关的细节信息。

要想让客户有这样的体验，实体店所提供的交流渠道必须相互贯通，不可相互独立。这样客服代表既能通过传统渠道，也能通过社会渠道，完整把握客户与企业的交流。并且，如果客户最早是在网络自助服务系统提出服务要求的，客服代表也应该能看到整个处理的历史记录，这样他们就不用重复询问或调查，从而不至于降低客户满意度。

4. 整合客户服务体系与其他应用程序

客服代表必须要在差不多二十个不同的应用程序中检索客户所需要的信息，这样一来，增加处理问题的时间肯定就不可避免了，结果就是客户相当不满。客户服务体系不应仅仅只是一个为客户提供信息、解决问题的数据库的前台，而是应该与后台的应用程序整合在一起的。这样客服代表才可以更快、更准确地回答客户的疑问。

5. 明确何为优质的服务体验

客服代表常常不按相同的客户服务应用程序行事，这样就影响了客服代表之间的一致性，导致了很高的人事变动率。有一个解决的方法，就是将业务流程管理应用到客户服务中。客服代表根据屏幕上的信息行事，屏幕上面会显示与客户需求相符的信息，并能保证其服务与企业政策相符合。

6. 客户体验至上

让客户对服务有一定的期望值，并提供相应的、能达到该期望值的服务，这一点很重要，因为这能建立客户对企业的信任感。同样，实体店也应该积极主动地为客户提供服务，如主动发送服务提醒和解决常见问题的方法，让客户自己确认在哪些情况下他们希望被告知。这种沟通能让客户群更稳定。

7. 关注企业的知识战略

一个好的知识流程是优质服务的核心因素。网络自助服务是必需的，并且，客户通过各个交流渠道联系到的客服代表必须保持一致的"口径"，这可以保证解答的连贯和准确。

将相关的知识联系在一起是一件任重而道远的工作。方法就是让客服代表标记出不准确、不完整的内容，或者是用自动化的工具将最常碰到的内容放到常见问题表（FAQ）的最顶部。

8. 用2.0网络工具来管理客户群

还有一个常见的策略就是建立论坛，从而建立起点对点的交流，让客户可以进行自助服务，同时缓解客服中心那边的压力。至于没有得到解决的问题，客户可以继续向客服代表提出。除了知识库以外，在论坛上出现的各种讨论帖也是很好的资源。

9. 倾听客户的声音

聪明的实体店会在每次沟通后收集客户的反馈，并通过一些开放性的问题征求他们的真实意见。它们会在所有用户可见的知识库中附上反馈表格，让用户来评价这些解决方案，然后用收集到的反馈来优化自身的服务。

★适者才能生存

如今，受网络低价、便携等方面的影响，越来越多的实体店开始受到冲击，呈现出业绩下滑的局面，尽管受网络信任度、售后等方面的影响，实体店还没有遭遇"灭顶之灾"。

张霞是某服装品牌的代理商，她发现，如今，越来越多的顾客来到专卖店，试穿了某款衣服后，会偷偷地将货号和型号记住，也有顾客让店员开单，但是拿走单子后却不付钱。

这些人的目的显而易见，记住货号、颜色、型号等信息后，回家在网上购买。尽管这种现象目前还不足以对专卖店的销售造成太大的影响，但让张霞担心的是，随着网络的发展，这种现象会越来越多，未来自己又将何去何从……

不仅是张霞，从事图书音像制品行业的孙先生也同样受到了网络的困扰。

如今网购各类图书不仅价格便宜，甚至很多网站还可以免费下载，大街小巷的图书店、音像制品店越来越少。若不是因为有这么一群喜欢在书店淘书、喜欢书店氛围的老顾客支撑，孙先生可能也早已经关门了，对于未来，同样也是充满了担忧。

"物竞天择，适者生存"，达尔文的进化论用在当今的市场竞争也非常恰当。网店无店租的压力，面对的市场是整个世界的消费者，海量的款式挑选，无时无刻不在吞没排挤实体店家。实体店昂贵的铺租、有限的款式、有限的顾客群以及高成本的运作等劣势迫使实体店倒闭整改。

办法总比困难多！实体店该如何走出困境，该如何利用网络来铺垫实体店的出路？

设想：

（1）源头拿货。最好是出厂价或约高于出厂价的一手批发商，降低成本价。

（2）能够有直达的物流公司。最好是客运物流载货，一两天就能够到达，抢占先机。

（3）锁定风格、锁定供应商。最好能够跨季折价换货，最大限度地减少风险。

（4）批零兼营。底价销售，冲击网店，把最大的优惠让给消费者占领市场。

网络真的会是实体店的末日吗？那些经营较好的实体店主们又有哪些应对措施呢？

1. 选择受网络冲击较小的行业

王海曾是某品牌服装的代理商，不仅遭遇了与张女士一样的烦恼，他还在该品牌的网络官方旗舰店发现，不少款式的衣服甚至比厂家给他的批发价还便宜。王海非常生气，认为该品牌的商家利用网络低价大大压榨了代理商的生存空间，一怒之下，王海便决定另谋他业。

这次，他将目光瞄准了受网络冲击影响较小的眼镜店。之前由于店铺里生意较忙加上离眼镜店较远，他曾将自己的度数和瞳距告诉给他母亲，让她帮忙外出的时候配一副眼镜，结果拿到手后发现，所配的这副眼镜戴上后极为不适。

不得已，王海只好抽时间自己跑去眼镜店重新配了一副。同时，店主告诉他，每个人的度数、瞳距、脸形、鼻梁高度等方面的不同，每副眼镜在验配的时候都会有所差异，这必须要佩戴者自己亲自戴上去后经过配镜师多次校调，佩戴起来才能舒适好看清晰。

服装可以在店里试穿然后去网上购买，但眼镜做不到，而他也看了不少网上眼镜店，也大多只是实体店用来辅助宣传和销售的工具，销量平平，加上眼镜市场很大，利润较高，于是便选择眼镜店。

对于网络冲击，王海选择了一个受网络冲击较小的行业，这不失为一种可行的方法，而这样的行业也很多，比如餐饮行业、电脑、手机维修等。

2. 服务和速度上超越网店

网络购物价格低廉，消费者可以足不出户完成消费，但网络也有其致命的弱点，即服务和速度。举个例子，某消费者晚上熬夜肚子饿了，外面的餐馆也关门了，家里又没有吃的，这时候他有两种选择：第一是楼下的24小时便利店，第二当然是网络。

相信，没有多少消费者会选择网络。有人说，还可以选择像KFC那样的宅急送。但网上的价格和实体店又没差别，还要收取一笔不菲的送货费用，网络低价的优势也就不存在了。

又如，家里的灯泡坏了、开关坏了，也没多少人去网购。类似的行业有很多很多，对于开实体店的小本创业者来说，都是非常不错的选择。

3. 网络与实体相结合

像开篇提到的服装店、图书音像制品店这样的行业，又如何应对网络呢？

其实，对于创业者来说，网络并不是加剧竞争的因素，相反，网络更应该被看作是一种提升竞争力的工具。适者生存，如今电子商务行业飞速发展，网店与实体店相结合的策略不仅仅适用实体店家，对于不少网店店主而言，也是未来发展的方向。

对于实体店家而言，在实体店的基础上开创网络渠道，不仅可以增加自己的宣传渠道，也能够扩大自己的销售面积。而对于网店店家而言，拥有实体店也成为很多网店宣传的重要方面，实体店与网络店的结合同样成为网络商店的营销出路。

这样的结合对于众多消费者而言，既方便又踏实。方便是因为网络购物的便利它全部具备，踏实是因为人们在现实中可以看到这个实体店。拥有实体店的网店往往更能让人信任，从而在购物时减少顾虑。

第三章　电商：长板与短板

★ 电商的长板

　　电子商务是一种依托现代信息技术和网络技术，集金融电子化、管理信息化、商贸信息网络化为一体的新型贸易方式，目的是为了实现物流、资金流与信息流的和谐统一。

　　在互联网的基础上，电子商务突破了传统的时空观念，缩小了生产、流通、分配、消费之间的距离，大大提高了物流、资金流和信息流的有效传输和处理，开辟了世界范围内更为公平、公正、广泛、竞争的大市场，为制造者、销售者和消费者提供了能更好地满足各自需求的极好的机会。与传统的商务活动方式相比，电子商务具有以下几个比较优势：

1. 交易虚拟化

电商通过 Internet 为代表的计算机互联网络进行贸易，贸易双方从贸易磋商、签订合同到支付等，无须当面进行，均通过计算机互联网络完成，整个交易完全虚拟化。

对卖方来说，可以到网络管理机构申请域名，制作自己的主页，组织产品信息上网。而虚拟现实、网上聊天等新技术的发展使买方能够根据自己的需求选择广告，并将信息反馈给卖方。通过信息的推拉互动，签订电子合同，完成交易并进行电子支付，整个交易都在网络这个虚拟的环境中进行。

电子商务的发展打破了传统企业间明确的组织界限，出现了虚拟企业，形成了"你中有我，我中有你"的动态联盟，企业有形边界缩小，无形边界扩张。

2. 交易成本低

电子商务使得买卖双方的交易成本大大降低，主要表现在以下几个方面：

（1）距离越远，网络上进行信息传递的成本相对于信件、电话、传真而言就越低。此外，可以缩短时间，减少重复的数据录入，也降低了信息成本。

（2）买卖双方通过网络进行商务活动，不需要中介参与，减少了交易的有关环节。

（3）卖方可以通过互联网络进行产品介绍、宣传，避免了在传统方式下做广告、发印刷品等大量费用。

（4）电子商务实行"无纸贸易"，可以减少90%的文件处理费用。

（5）通过互联网，买卖双方可以即时沟通供需信息，使无库存生产和无库存销售成为可能，使库存成本降为零。

（6）利用内部网可以实现"无纸办公"，能够提高内部信息传递的效率，节省时间，并降低管理成本。

（7）传统的贸易平台是地面店铺，电子商务贸易平台则是网吧或办公室，大大降低了店面的租金。资料表明，使用 EDI 可以为企业节约 5% ~ 10% 的采购成本。

3. 交易效率高

互联网络将贸易中的商业报文标准化，商业报文能在世界各地瞬间完成传递与计算机自动处理，使原料采购、产品生产、需求与销售、银行汇兑、保险、货物托运及申报等过程无须人员干预，便可在最短的时间内完成。

传统贸易方式中，用信件、电话和传真传递信息必须有人参与，且每个环节都要花费时间。有时由于人员合作和工作时间的问题，会延误传输时间，失去最佳商机。电子商务克服了传统贸易方式费用高、易出错、处理速度慢等缺点，极大地缩短了交易时间，使整个交易非常快捷与方便。

4. 集成性

电子商务是一种新兴产物，使用了大量新技术，但并不是说新技术的出现就必然导致老设备的死亡。电商的真实商业价值在于协调新老技术，使用户能更加行之有效地利用他们已有的资源和技术，更加有效地完成他们的任务。

电子商务的集成性，还在于事务处理的整体性和统一性，能规范事务处理的工作流程，将人工操作和电子信息处理集成为一个不可分割的整体。这样不仅能提高人力和物力的利用效率，还可以有效提高系统运行的严密性。

5. 协调性

商务活动是一种协调过程，需要雇员和客户、生产方、供货方以及商务伙伴间进行协调。为提高效率，许多组织都提供了交互式的协议，电子商务活动可以在这些协议的基础上进行。

传统的电子商务解决方案能加强公司内部相互作用，电子邮件就是其中一种，但那只是协调员工合作的一小部分功能。电商将供货方连接至管理系统，再连接到客户订单处，并通过一个供货渠道加以处理，这样就节省了时间，消除了纸张文件带来的麻烦并提高了效率。

电子商务使企业之间的沟通与联系更加便捷，信息更加公开与透明，极大地降低了电商的交易成本；电子商务的发展，使得企业可以与主要供应商之间建立长期合作伙伴关系，并将原材料采购与产品的制造过程有机地配合起来，形成一体化的信息传递和信息处理体系。

电子商务还使得贸易双方的交流更为便捷，大大降低了双方的通信往来费用，简化了业务流程，节约了大量的时间成本与传输成本。除此之外，通过电子商务，供应链伙伴之间能更加紧密地联系在一起，使以往商品生产与消费之间、供给与需求之间的"时滞"变为"实时"，大大改善了销售预测与库存管理，降低了整个供应链的库存成本，并节省了仓储、保管、行政等多方面的开支。

6. 交易透明化

买卖双方从交易的洽谈、签约以及货款的支付、交货通知等整个交易过程都在网络上进行。通畅、快捷的信息传输可以保证各种信息之间互相核对，可以防止伪造信息的流通。

7. 优化社会资源配置

一个行业的所有企业不可能同时采用电子商务，所以，那些率先使用电子商务的企业会有价格上的优势、产量上的优势、规模扩张上的优势、市场占有上的优势和规则制定上的优势，而那些后来使用者或不使用者的平均成本则有可能高于行业的平均成本。

这样，社会的资金、人力和物力等资源会通过市场机制和电子商务的共同作用，从成本高的企业向成本低的企业流动，从利用率低的企业向利用率高的企业流动，从亏损的企业向盈利的企业流动，从而使社会资源得到更合理和更优化的配置。

8. 有利于电商的技术创新活动与市场进行无缝链接

Internet 的飞速发展为产品的研发提供了快捷的方式，在企业技术创新和产品升级方面，电子商务发挥了一定的积极作用。电子商务使新技术、新创意在网上迅速传播，为企业开发新产品提供了准确、及时的信息，开发者可以利用网络快速调研，了解顾客最新的需求。

在开发产品的过程中，电子商务是迅捷简便的，具有友好界面的用户信息反馈工具，决策者们能够通过它获得高价值的商业情报，辨别隐藏的商业关系和把握未来的趋势。因而，他们可以做出更有创造性、更具战略性的决策。

电子商务还为消费者提供个性化服务创新了条件，在提高整个社会的福利水平的同时，也为企业增加盈利提供了契机。电子商务的全球市场由计算机网络联结而成，网络工作的不间断特性使之成为一个与地域及时间无关的一体化市场，世界各地的任何人都可以通过计算机和 Internet 随时、随地、随意地进行商务活动。

电商利用网络追踪和分析每一位消费者的偏好、需求和购物习惯，同时将消费者的需求及时反馈到决策层，促进电商针对消费者而进行的研究和开发活动，使电商对客户的了解和认知更为透彻，更好地为他们提供个性化服务，提高他们的满意度和忠诚度，为企业增加盈利。

9. 提高电商内部团队合作效率

在电商内部，电子商务模式可以让电商打破部门之间的界限，把相关人员集合起来，按照市场机制去组织跨职能的工作，从而减少管理层次和管理人员的数量。将那种容易形成官僚主义、低效率、结构僵化、沟通壁垒的单一决策中心组织改变为分散的多中心决策组织。

决策的分散化能够增强员工的参与感和责任感，提高决策的科学性和可操作性，改变下级服从上级，上级行政干预下级的专制型的企业管理模式。

综上所述，电商是运用现代电子计算机技术尤其是网络技术进行的一种社会生产经营形态，可以通过提高企业生产率，降低经营成本，优化资源配置，从而实现社会财务最大化。从这个意义上说，电子商务要求的是整个生产经营方式价值链的改变，是利用信息技术实现商业模式的创新与变革。

★ 电商暴露出来的问题

由于我国是在市场经济体制与运行机制还不完善的基础上推进信息化和电子商务的，其发展环境和条件尚未完全成熟，发展水平与发达国家相比仍有较大差距，还存在许多问题。就目前而言，面临的主要问题表现在以下几个方面：

1. 安全问题

目前，就全世界而言，阻碍电子商务广泛应用的首要的也是最大的问题就是安全问题。电子商务是基于互联网的，而互联网的诞生并不是为了商业目的，而是为了能更方便地共享计算机资源。

正是由于互联网的开放性和共享性，使得要借助它进行的电子商务活动存在极大的安全隐患。因为网络的开放性，致使"黑客"四处出击、病毒侵害、网上欺骗、网上盗窃等非法现象时有发生。在开放的网络上处理交易，传输数据的安全也受到了"黑客"的威胁。

2. 观念和认识问题

电子商务是新生事物，其运行模式与人们固有的消费、购物习惯差异很大，长期基于"现实世界"的传统商务模式在社会大众的商务行为意识中根深蒂固，所以大多数生产者、经营者或消费者往往对电子商务持怀疑、观望甚至拒绝的态度。

一方面是因为公众对于新技术的理解程度还不到位。就一般消费者而言，人们习惯于现金消费，对个人信用卡及第三方支付系统所形成的信用消费缺乏足够的了解。

另一方面也是基于公众对互不见面的网上交易中诚信的担忧，他们对网上产品的质量不信任，对售后服务及商家的信誉把握不足，因而对以电子商务方式销售的商品心存疑虑。

3. 社会商业信用问题

在电子商务发展中，社会信用体系的建立健全是必不可少的条件之一。如今，由于我国市场经济体系与市场机制还不规范、不完善，还没有建立完善的信用体系制度，欺骗与欺诈行为、抵赖行为时有发生，社会信用环境岌岌可危。

4. 物流配送体系问题

电子商务中进行着大量的有形商品的异地交易，整个交易链条中无法回避的环节就是商品的配送问题。我国现代物流的起步较晚，缺乏专业的管理与运作经验，物流市场一直没有形成闭环式的网络链条。

现有的邮政系统费用高、反应速度慢，这使其难以为电子商务提供优质的物流保障。而现有的小型物流配送公司，它们实力小，运作不规范，多是各自为政又受到区域极大的限制，因而原本不多的物流资源也没有被非常充分、合理地利用起来，这就更造成了电子商务饱受物流问题的困扰。

5. 支付与结算问题

网上支付与结算可以通过银行卡、电子支票、电子现金等各种方式实现，目前主要以银行卡支付为主要形式。而我国金融服务水平和电子化水平并不高，虽然各大银行已经开展了网上银行业务，但是由于各专业银行网络选用的通信平台不统一，影响了各银行间跨行业的互联、互通和网上的跨行支付，也使得其中的安全认证问题较为突出。

各个银行缺乏统一、权威和全国性的 CA 认证中心，容易导致交叉认证和重复认证，出现问题后的责任认定和仲裁结果的执行等复杂的法律关系难以解决，都会增加网上交易的风险。

6. 信息化问题

我国开展信息化建设时间相对较晚，且在网络基础设施建设方面投入不足，网络的基础设施建设规模不够、水平不高，难以适应电子商务进一步快速的发展。

除此之外，我国国内企业的信息化建设水平较低，目前的企业还处在新旧经营模式的转换阶段，落后的经营模式和陈旧的经营理念制约着信息化的进程。

据调查，目前我国企业进行系统建设和系统整合应用的仅占企业总数的 5% ~10%，中小企业的信息化建设水平则更低，仅占 1.9%。这就使得作为商务活动重要一端的企业难以开展有效的电子商务，这直接影响到国内电子商务的快速和谐发展。

7. 法津法规问题

虽然电子商务在我国已经发展了多年，但由于它是一种全新的商务模式，因而在这方面还没有相关的完整的法律法规，比如交易的安全性如何保证、隐私权保护、电子合同的拟订与书面形式要求、签字的确认、电子提单的形式与转让、纠纷调解、网上打假、电子货币、知识产权的保护等问题的解决还缺乏相应的活动规则和法律制度规范，使得对网络犯罪的定罪和处罚没有切实可行的依据。

8. 人才缺乏问题

电子商务实现的关键最终仍然是人，电子商务是信息技术与商务的有机结合，需要大量掌握现代信息技术和现代商贸理论与实务的复合型人才。而眼下各大企业缺乏的正是这样的人才，这里的人才不仅仅指精通计算机与网络技术的商业人才，也包括物流、法律等相关专业的人才。所以说，人才的匮乏是电子商务发展的又一难题。

★ 电商短板诊断

毋庸置疑，电子商务的发展确实给很多企业带来了希望，但世上没有事物是十全十美的，所以电商依旧存在一些弊端及缺点。

1. 网络自身有局限性

一位消费者在网上订购了一件新款女式背包，虽然质量不错，但怎么看款式都没有网上那个中意。许多消费者都说，实际得到的商品不是在网上看中的商品。这是怎么回事？

其实，把一件立体的实物缩小许多，变成平面的画片，商品本身的一些基本信息会丢失；输入电脑的只是人为选择的部分信息，用户无法从网上得到商品的全部信息，更无法得到对商品的最鲜明的直观印象。

2. 搜索功能不够完善

在网上购物时，用户面临的一个很大的问题就是如何在众多的网站找到自己想要的商品，并以最低的价格买到。搜索引擎看起来很简单：用户输入一个查询关键词，搜索引擎就能按照关键词到数据库去查找，并返回最合适的 Web 页链接。

但是，结果表明，目前在互联网上，至少有 10 亿网页需要建立索引，如今的搜索引擎仅能对 5 亿网页建立索引，仍然有一半不能索引。为什么？因为在线商家希望保护商品价格的隐私权。因此，当用户在网上购物时，不得不一个网站一个网站地搜寻下去，直到找到满意价格的物品为止。

3. 用户消费观念跟不上

电子商务与传统商务一个很大的不同就在于交易的双方不见面，虚拟性很强，因此必须有一个良好的社会信用环境，信用消费的观念要深入人心。西方国家的电子商务发展势头之所以会比较好，一个重要的原因是西方的信用制度比较健全，信用消费观念已被人们普遍接受。

在我国，一方面，人们信用消费的意识非常薄弱，信用卡的使用远没有得到有效普及；另一方面，即使是在商场也会买到假冒伪劣产品，更何况是在不知道离自己多远的网上？

4. 交易的安全性得不到保障

电子商务的安全问题是影响电商发展的主要因素。随着 Internet 的迅速流行，电子商务引起了广泛的关注，可是，在开放的网络上处理交易，如何才能保证传输数据的安全？调查公司曾对电子商务的应用前景进行过在线调查。

当问到"为什么不愿意在线购物"时，绝大多数人的回答是"担心遭到黑客的侵袭而导致信用卡信息丢失"。因此，安全成为电子商务发展中最大的障碍。

5. 电子商务的管理还不规范

电子商务的多姿多彩给世界带来了全新的商务规则和方式，这更加要求在管理上要做到规范。另外，电子商务平台的前后端相一致也是非常重要的。

前台的 Web 平台是直接面向消费者的，是电子商务的门面；而后台的内部经营管理体系则是完成电子商务的必备条件，它关系到前台所承接的业务最终能不能得到很好的实现。

一个完善的后台系统更能体现一个电商的综合实力，它不仅决定着提供给用户的是什么样的服务，还决定着电子商务的管理是不是有效，决定着电子商务公司最终能不能实现盈利。

6. 税务问题

税务（包括关税和税收）是一个国家重要的财政来源。电商的交易活动是在没有固定场所的国际信息网络环境下进行的，使国家难以控制和收取电商的税金。

7. 标准问题

各国的国情不同，电商的交易方式和手段也存在某些差异，要面对无国界、全球性的贸易活动，就需要在电子商务交易活动中建立相关的、统一的国际性标准，解决电子商务活动的互操作问题。目前，我国电子商务概念不清，搞电子的搞商务，搞商务的搞电子，离散、无序、局部。

8. 支付问题

由于金融手段落后、信用制度不健全，我国用户更喜欢现金交易，没有使用信用卡的习惯。而在美国，现金交易较少，国民购物基本上采用信用卡支付；而且，国家出于金融、税收、治安等方面的原因，也鼓励使用信用卡以减少现金的流通。

完善的金融制度，方便、可靠、安全的支付手段是 B2C 电子商务发展的基本条件。不难看出，影响电商发展的不单是网络带宽的狭窄、上网费用的昂贵、人才的不足，以及配送的滞后，更重要的原因来自于信用制度的不健全。

9. 配送问题

配送是让商家和消费者都很伤脑筋的问题。网上消费者经常遇到交货延迟的现象，而且配送的费用很高。业内人士指出，我国国内缺乏系统化、专业化、全国性的货物配送企业，配送销售组织没有形成一套高效、完备的配送管理系统，这毫无疑问地影响了人们的购物热情。

10. 电子合同的法律问题

在电子商务中，传统商务交易中所采取的书面合同已经不适用了。一方面，电子合同存在容易编造、难以证明其真实性和有效性的问题；另一方面，现有的法律尚未对电子合同的数字化印章和签名的法律效力进行规范。

11. 电子证据的认定

信息网络中的信息具有不稳定性或易变性，这就造成了信息网络发生侵权行为时，锁定侵权证据或者获取侵权证据难度极大，对解决侵权纠纷带来了较大的障碍。如何保证在网络环境下信息的稳定性、真实性和有效性，是有效解决电子商务中侵权纠纷的重要因素。

12. 其他细节问题

最后就是一些不规范的细节问题，例如，网上商品价格参差不齐，主要成交类别商品价格最大相差40%；网上商店服务的地域差异大；在线购物发票问题大；网上商店对订单回应速度参差不齐；电子商务方面的法律，对参与交易的各方面的权利和义务还没有进行明确细致的规定。

★ 用活动打造线上影响力

根据百度百科的定义："线上活动是指依托于网络的，在网络上发起，并全部或绝大部分在网络上进行的活动，于网络上发布活动信息，募集活动人员，在网络上进行活动的流程。"

对于一个网站的运营来说，留住用户是一项非常重要的工作。而要留住用户除了网站的自身质量要高之外，组织活动也是关键的一环，尤其是对于电商平台来说，日常的运营更离不开组织活动。适时适当的活动可以有效地提升用户的活跃度，提升网站的黏度，提升网站的转换率等。在组织活动的时候如何让我们的活动效果最大化呢？

1. 活动奖品应该融入感情及企业文化

人是一种感情动物，对于那些有感情的事或者物往往会印象深刻。如果赋予活动以感情，不仅能够提升用户参与活动的积极性，更重要的是让用户对于电商更加的印象深刻，带来长久的利益。

如果你是一个销售数码相机的电商平台，可以在春节全家团圆期间举办一个网络的摄影大赛，让用户上传他们最喜欢的全家福照片，然后进行投票。显而易见，这比举办风景摄影大赛更加能够调动用户的积极性，因为这个活动不仅应景，同时也融入了全家团圆的感情色彩。

很多商户在举办活动的时候礼品往往局限于购物券、折价券等一些优惠，有的甚至没有实物，这很难让用户对电商产生深刻的印象。假如电商赠送的礼物是一些印有企业信息的 U 盘、扑克等小东西，往往效果就会有很大的不同。对此，电商在组织一些活动的时候切记要将感情与电商文化融入活动之中。

2. 借由热点事件、节日炒热活动

组织一个线上活动的时候，最担心的情况莫过于用户的积极性不高，没有多少参与者。出现这个问题除了要提升宣传之外，假如电商能够很好地借由热门事件或者节日炒热活动，往往会达到事半功倍的效果。

比如，在春节期间举办网络摄影大赛。春节期间，用户的休闲时间比较多，且节日的气味比较浓厚，用户参与活动的积极性自可因此大增。

至于热点事件，就更多了，每天都有不同的新闻出现，比如，前阶段北方出现的阴霾天气，就可以借由这一网民关心的事件举办一个"保护身体健康"的活动，不用赠送多么贵重的礼物，只要拿出几个印有电商信息的口罩送给参与的用户，相信既可以提升用户的活跃度，也可以在无形之中让用户为企业宣传。

3. 让活动成为一种理所当然的活动

在几年前可能你我都还不知道有光棍节这一个电商节日，而随着天猫电商平台对于光棍节的活动兴起并且成功地举办了三年，短短三年的时间就使得"双十一"光棍节几乎成为全民皆知的"购物狂欢节"，其风头甚至盖过了原本光棍节的节日含义。

现在很少人再把光棍节当成是单身一族的节日，更多的是把它当成一场购物盛宴。从中可以看出，成功的电商活动需要定期举办，一来可以降低宣传的成本，二来可以让用户培养出行为习惯。

★ 电商离不开的"搜索"

在网上购物时，消费者往往会通过搜索来检索商品，随后进一步细分搜索来挑选具体商品，不仅想立刻找到对应的产品，还希望获取更多的信息，诸如同类产品的价格比较、消费者对于某产品的口碑等，因此"先搜索，再购物"逐渐成为消费者的购物习惯。

消费者的购物习惯促使着电子商务企业技术的不断改进，对于电子商务企业而言，如何向消费者提供最快最便捷和最准确的搜索体验，变得异常重要。而这就需要企业级搜索引擎（也称企业搜索引擎）来解决这些问题。

电子商务企业定制企业搜索引擎不仅可以节约消费者的搜索时间成本，更主要的是可以给消费者留下极佳的购物体验，同时电子商务企业也可以获得更多和更详细的用户行为分析，比如，可以了解用户在搜索时更关心和更青睐的产品，更重要的是在这样良好的消费体验下，用户自愿地增加在网站上的逗留时间和消费数量。因此，能够充分满足这些需求的企业搜索引擎开始受到了越来越多电子商务企业的青睐。

和传统的搜索引擎不同，企业级搜索引擎主要是企业内部或在线零售商使用的搜索，如购物网站、金融公司、汽车公司，特别是各种类型电子商务网站。其实，但凡需要搜索引擎的地方，需要精确信息搜索的地方，就需要企业搜索引擎。

人们普遍使用的网络搜索引擎，如百度、Google，其重点在于搜索的广度，而企业级搜索的重点在于精确的搜索结果。即使用户不能提出精确的搜索问题，通过企业搜索软件自带的修正和推荐功能，同样可以搜索到精准的信息；此外，企业搜索软件还可将大量的商品信息按需分门别类加以各类复杂的搜索和挖掘，从而让数据发挥更大的作用，帮助企业给消费者带来更快捷方便的购物体验。

由此可见，任何需要精确搜索的企业或网站，尤其是电子商务企业都需要企业搜索引擎。亚马逊网站的 CEO Jeff Bezos 曾说"我们超过 30% 的收入来自于个性化推荐服务"。消费者在亚马逊的网站上体验到了一个近乎智能的搜索推荐，如购买了某一行业的书，网站还会智能地推荐一系列相关的书，而推荐的书往往又恰是消费者有购买意向的目标，于是进一步促成了购买。

CNNIC 数据显示，2010 年搜索引擎使用率达到 81.9%，搜索引擎用户达 3.8 亿人，成为互联网第一大应用，成为主要用户入口。艾瑞咨询报告显示，2010 年我国搜索引擎市场规模已达到 109.8 亿元，相比 2009 年的 69.6 亿元同比增长 57.7%，搜索引擎占总体网络广告市场规模的比重达到 30.8%。

搜索引擎是用户在宽广无垠的互联网世界中快速到达目的地的捷径。在网上购物时，用户往往也会通过搜索引擎了解所需商品的信息，并在搜索引擎的引导下进入某一家网上商店进行购买。搜索作为距离交易转换最近的用户行为，以及其巨大的流量，成为电商广告投放的首选平台。

经营一个电子商务网站，每个人都知道将产品在搜索结果中排列在竞争对手的前面的重要性，尤其是你和你的对手在销售一模一样的产品时，都想要用户首先到达自己的网站。对于大型电子商务网站来说，由于知名度非常高，因此品牌推广已经不重要了，但对于网站上数以百万计的商品，搜索引擎的作用还是非常有效的。

"先搜索，再购物"已经成为消费者的购物习惯，须知改变用户的习惯并不是一件能短期见效的事情。如果非要说有哪一种电子商务对搜索引擎依赖比较少的话，那就是社交化的电子商务。比如近来火爆异常的团购。社交化的电子商务与传统的电子商务不同，更看重或依靠的是消费者的分享、传播和评价等。他们圈子里好友正在提供各类消费建议，口碑和效仿已经成为影响消费决策的关键因素。

★ 如何打造线上品牌

什么是线上品牌？怎样可以更好地经营好线上品牌？营销在电商品牌中的地位是什么？笔者从营销角度，探访了线上品牌经营过程中的一些经验与教训，我们可以从品牌角度聆听一下实战者的真实心声。

1. 什么是线上品牌？

我们可以把所有在互联网上正在经营的品牌，都统称为"线上品牌"，这是一个涉及电商的称呼，但是有些诞生于线上，有些从线下转型而来。线上规避了繁琐的地区渠道，又正在形成更多的纯电商品牌，这是一个先定位，还是后转型的问题。

2. 为经营线上品牌创造条件

狭义地说，有钱有人就是最好的条件；广义地说，生意更依靠环境和时期，有个前提是你想把这个品牌做多久。

长线和短线是两种完全不同的目标维度，如果你认为所有人的答案都是长线，那我们并没有在探讨一件事。线上营销也是营销，它依旧基于良好的产品设计、产品质量，还有市场营销。

有人说服务也是，但刚性的元素一定来自产品，其次是剩下的那些。营销只能决定在产品固有的基础上，市场有多么接受它，服务是口碑。

3. 正确看待营销的重要性

举个例子，某些品牌的定位很清楚，他们知道自己所面对的用户群是哪些人，所以在面对一个或多个群体时，营销有点类似"攻弱点"的意思。

用户想要什么，从不会主动告诉你，这需要营销者自己设计方式。

营销在某些情况下，是起弥补产品弱点的作用，营销也是为了更好地包装比较普通的产品，来增加其他价值，营销是让消费者快速接受品牌的唯一渠道。

没有营销，就最好别谈电商运作，这是区别于线下零售的一个重要方面。

4. 掌握最有效的电商策略

符合你的品牌定位、产品定位、人群定位。如果永远靠降价，这样的品牌无法长期经营下去；如果永远靠流量，那么你解决的问题实质是曝光问题，这更偏向市场策略。

策略应该分成两个区域规划，第一是在品牌内部，第二是在经营渠道。品牌内部要解决职能之间的思路统一，避免大家都在固执地做自己，经营渠道也很重要，每一个渠道的营销方式都有特点，要照顾渠道用户习惯。

有些渠道搜索的应用相对频繁，这就得解决搜索结果的问题，有些渠道广告位更加奏效，你就得争取更多的好位置，并做出好视觉。

当然，还有一个不可忽视的问题，你的竞争对手。策略这种概念本身并不是一个落地的实物，它更像一个指导方针。如果可以把长期目标合理分解，策略就会变得更有针对性。

5. 形成品牌调性

品牌调性，我们可以把它理解为品牌文化。十块钱的商品可以有，一块钱的也可以有。

文化的概念太过广泛，其实更多的是一种商品的精神财富，这种财富是消费者在购物中所享有的额外部分，比如情感或者心态上的。

首先，任何一种调性都要经过一个时间段才会形成，你也可以理解为，调性需要经过时间与人的考验。

其次，这种文化应该紧密贴切你的商品属性，商品是做什么的，调性就要与它有关，过高或过低都会牵强。

最后，细化。对于营销细节的细化，注重点会变得越来越多，企业管理者所关注的细节也会越来越多，没有细节就没有调性。

6. 迅速地上线开售

从电商网站政策与操作流程上看，现状已经明显好于过去，手续齐全的情况下，准备工作不会很久。但是在供应链环节，熟悉电商操作的人群不一定对这方面也同样擅长，比如备货多少，这直接关系到你的资金问题，备货过多显然要比备货不足看起来更加严重，产品如果涉及尺码问题，尺码结构同样需要提前做出判断，当然如果你做的并不是一个全新产业，应该可以从正在经营的对手那儿找到点借鉴。

商品上线意味着你的品牌正式进入人们眼中，只是或许看到它的人还并没有很多，你需要解决在少量人看到你的品牌后所做出的反应，可以说这是首个任务，因为这部分人几乎是完全陌生的，是首批潜在消费者。要与他们建立更加"特殊"的关系，因为他们会给你最真实的反馈，即使他们没能成为你的顾客。

7. 了解哪种线上品牌最好做

判断哪类品牌相对好做，首先是具备消费市场，其次是容易培养品牌沉淀（内涵），最后是展示你的品牌在哪些环节与众不同，它应该有一个人们喜爱的理由。这是互联网独到的思路，找不到这种喜爱的潜在关系，就意味着品牌难以顺利地经营下去。

8. 线上品牌不一定是自主研发、自主经营

作为创业公司，它应该有第一属性，哪方面强，哪方面就会主导。产品

研发类公司一般更专注产品设计，这种情况通常是寻找合作营销公司，生产型企业注重制造产品，并不一定对电商有能力操作，经营公司是最有可能快速进入电商零售的角色，国内的实际情况就是几个熟悉线上营销的朋友组成创业团队，他们寻找有能力的研发组织，或者借助那些 OEM 工厂，来改造现有产品或者设计全新产品，并应用自身的营销能力来达成品牌。这样的组合非常多见，甚至包括比较大的几个电商品牌，"做自己更专的事"和"找别人更专的事"形成了条件的组合。

9. 借鉴成功的案例

"小狗电器"是近几年比较有借鉴意义的。从营销整体的角度看，这家公司成立时间比较早，进入互联网的时间相对也较早，现在的情况是在各大平台的同类产品中，都有它非常明显的身影。

首先，要归功于它的产品理念"小狗让生活环境更干净"；其次，是产品外观识别度非常高，定价又相对亲民；最后，对于新型产品的尝试，包括目前比较流行的智能扫地机器人做得很好。

小狗电器既遵循了实物实用性，又在这一基础上增加了自身品牌个性，这个因素非常关键。当然，我们并不是说，所有线上品牌都应该有外观个性，但一定要有一个属于自己的明显标签，然后是应用电商的特点，参加平台促销活动，积极组织用户参与交互。

10. 传统企业转型浪难

为什么这样？原因主要有这样几个：

（1）他们更害怕互联网对传统市场的冲击，这是一个不可忽视的矛盾。

（2）他们更注重产品革新，往往忽视对用户态度的转变。

（3）传统品牌硬性的东西很多，而互联网与电商很多事情需要靠软性。

（4）传统品牌忽视最多的就是情感体验，甚至有些企业还没有想到这点。

（5）竞争加剧了对价格的敏感，以及对每个电商渠道的限制。

（6）品牌自主经营平台大多缺乏经验丰富的合作伙伴。

总之，传统企业转型电商这个过程，网络赋予的理论化内容过多，容易导致传统企业在什么都想要的情况下，哪一个都没有完全得到。另外，不可忽视的人，也是转型当中的一种无形阻力，传统品牌转型的第一步就是内部人的转型，是内部思路的转型。

11．"小而美"和"大而全"

小而美，更适合都市比较惬意的年轻人，非必备品居多，例如：手工艺品、摄影周边、电影周边、茶或咖啡、挂饰、家居摆件、玩具等。这一类小而美的品牌在经营途中多少也会面临转型问题，或是增加更多的衍生商品，或是形成系列革新商品，都要变。

大而全，就很像无印良品的模样。营销可以根据社会事件的转变随时找出匹配产品，"Back To School"就对应展示了它的书桌、椅子、钟表、照明、收纳用品、笔、本等。同样，无印良品的服饰、化妆以及母婴类目，都已经形成比较成熟的"生活方式体"。这种产品种类广，且风格一致性明确的品牌，虽然同样来自实体店，但在线上的表现依然会比较强烈，尤其在一些没有店铺的二、三线城市，选择网上购买，解决了不少人的问题。

12．策划品牌营销

任何时候都不要错过任何一个告诉对方你爱他们的机会，对方其实就是顾客。

策划的最终目的是产生消费，如果没有消费结果，就等于没有最终目标。要考虑用户与用户之间的差别，女性用户的额外消费相对更多；也要考虑利用平台的销售规则，用小额损失带动大额消费；还要建立成交要靠选择的思维模式，为用户设定最大利益化的选项。

★ 谁在为电商挖 "坑"

又到 "双十一"，在众多电商的大力宣传下，消费者的血拼热情再次被点燃。众多买家摩拳擦掌等着 "双十一" 到来。可是研究发现，近年来 "双十一" 之中暗藏不少 "陷阱"，消费者只有擦亮眼睛，才能防止遭遇被 "坑"。

1. 打折之前暗中抬价

先涨价再降价，这是实体店惯用的促销伎俩，在 "双十一" 电商大战前夕已见端倪。

案例一

研究生小李心仪某品牌的单反相机已久，一直在电商网站上观望价格。几天前，小李在某大型电器购物网站上看到该款相机标价 5099 元，第二天早上再看，就涨到了 5999 元，这是在为 "双十一" 打折做预热吗？小李将自己的不满写到了微信朋友圈。

案例二

廖小姐是资深网购族，她说："不少所谓'优惠'是把价格抬高之后再折扣，算下来其实与之前差不多。而且这不是个案，有些商品'双十一'前后只差几块钱而已。"

趁着 "双十一" 到来，大量上新品也是商家的促销手法之一。新品的折扣往往很低，有的只需三四折，但算下来却并不便宜——商家为了让够 "低" 的折扣吸引眼球，暗中抬高商品原价。

款式差不多的两件羽绒服，旧款的原价只要 1200 多元，平时 5 折销售。

但新品的价格设置在 1600 元，即使打 4 折，价格也并不便宜。你以为你赚了，其实卖家才是赢家。

2. 人气赚够"特价"缺货

有些电商以某样"特价商品"吸引客户进店消费，从而带动别的商品销售，这种促销手法也不鲜见。可是，不少买家却反映，一些店铺里"特价商品"经常付款后不发货，卖家给的解释是"缺货"、"售罄"或者"备货不足"。

小姚本来想给爸爸买一把剃须刀，搜到了一个价格最低的店铺，毫不犹豫地拍下了。为了不浪费邮费，她顺便还买了些别的东西。等了好几天，却发现到手的东西中没有剃须刀，卖家的解释是缺货，还主动将剃须刀的钱退给了她。剃须刀没买到，买了一堆别的东西，但又不想自己花邮费退回去，小姚只好认了。

3. 假货水货鱼目混珠

低价商品中，也不乏品质存疑的假货、水货鱼目混珠。去年"双十一"，有些家长网购了"花王"纸尿裤，结果孩子用了网购的"花王"纸尿裤，出现红屁股、水状疱疹溃烂的症状。家长们通过微博等多种渠道控诉维权。

以次充好的现象更容易发生在"山寨"流行的电子数码产品领域，一名大学生网购了某知名品牌无线鼠标，用了半年后无线接收器丢了，想在当地找售后配，却被告知是仿品。

4. 商品低价运费"坑人"

"价格战"之余，消费者往往不太在意的网购运费其实也暗藏着"猫腻"。有些促销商品很低价，运费却是"天价"。

周女士买了一套沙发，价格挺便宜，邮费当时付了 200 元。没过几天，物流却打电话来让她去郊区一个地点自提，否则送货上门要加价300元。周女士一个人怎么可能搬得动沙发？咬咬牙只好多花300元。

大件物品的物流费用并不高，但快递费用却不便宜，商家模糊了二者的界限，在消费者不知情的情况下，将运费变为另一个"盈利空间"。

5. "双十一"最低只是传说

都说"双十一"全年最低价，可事实却不是如此！

去年的"双十一"，天猫一家服装店声称"不定时涨价"、"越早买越便宜"，小媛做足功课，甚至为了抢到低价，11日凌晨特意起床"秒杀"，终于以"年度最低价"购买了上千元的冬装。

"双十一"过后几日，卖家果然恢复了原价，小媛很得意。可是，没过几天，卖家将价格调到了更低。更让人恼火的是，不久之后的圣诞节、元旦节，价格又一再突破"新低"，小媛觉得自己上了当，说："'双十一'最低，只是个传说。"

★ 电商的运营环节

电子商务是利用计算机技术、网络技术和远程通信技术，实现电子化、数字化和网络化、商务化的整个商务过程；是以商务活动为主体，以计算机网络为基础，以电子化方式为手段，在法律许可范围内所进行的商务活动交易过程。

随着互联网的普及，越来越多的企业开始重视网络营销，电子商务运营作为一种亦销亦盈的网络营销方式受到企业家的重视。随着网络推广人员个人学习和扩展，已逐渐形成一种新型的以互联网为阵地的营销职业。

电子商务运营与企业运营存在相似之处，包括调研、产品定位、管理分类、开发规划、运营策划、产品管控、数据分析、分析执行及跟进等。但其执行对象有别于实体产品。电子商务运营的对象是根据企业需要所开发设计建设的电子商务平台的附属宣传推广产品。

运营准则

1. 产品

应该卖什么？很多电商老板、负责人都喜欢把自己认为任何适合市场的完美产品拿来销售，他们的选择是以自我为导向性的。可是，最终付款的是消费者，决定要不要买产品的人也是消费者，所以你认可的产品消费者不一定喜欢。

而市场和消费者认可的是哪类产品？如何判定呢？可以参考其他大中型卖家大力投放网络广告的产品，研发、生产和此类产品具有相同属性的产品，必定是被市场所接受的。当然，若在其基础上更加优秀、完美，挖掘出更多卖点，那么离成功就更进一步了。

2. 网络广告

网络广告是花钱营销、花钱找用户，只有合适的广告才能吸引消费者。如何才能将广告效益发挥至最大化呢？

要独立 B2C 网上商城的营销人员，专研网络广告和各大广告平台，各类高流量、高转化率广告的营销方案和策略；再加上用户实际反馈情况，创造出属于自己产品的优质广告。

3. CPS

CPS 的含义是：以实际销售产品量来换算广告费用，简而言之，按照实际成交额给推广者计算佣金。CPS 模式使用最多的是凡客诚品，其他很多电商则将大量资金花费在了搜索引擎竞价排名、门户网站广告和其他网站推广方法上。

广告费用的消耗速度取决于投放力度，后两者是在资金上进行博弈，一旦出现更大的推广团队、拥有更丰厚的资金基础，电商就很危险。所以，在网上商城推广初期不要拿钱来砸广告，应该优先考虑发展 CPS。

4. 独享

搜索引擎竞价广告常常变、广告语天天改、CPS 团队也在天天推广，电商需要做的便是将一件产品卖得更加踏实和极致。例如：可以做一个女人站点，维护大量吸引女人的优秀内容，吸引更多的自然流量；然后，再将这些流量自然导入网上商城，这些内容流量就能成为独立网上商城的基本保障。

运营模式

电子商务经营模式和电子商务运营模式是一样的，主要包括下面的内容：

（1）B2B（Business to Business），是企业对企业进行网上交易，即商家（泛指企业）对商家的电子商务。

（2）B2C（Business to Customer）是电子商务按交易对象分类中的一种，即商业机构对消费者的电子商务。这种形式的电子商务一般以网络零售业为主，主要借助于 Internet 开展在线销售活动。

（3）C2C 的意思是，消费者（Consumer）与消费者（Consumer）之间的电子商务。比如，消费者甲有一台旧电脑，通过网上拍卖，把它卖给消费者乙，这种交易类型就是 C2C 电子商务。

（4）C2B（Customer to Business），电子商务模式的一种，即消费者对企业。其核心是通过聚合为数庞大的用户形成一个强大的采购集团，以此来改变 B2C 模式中用户一对一出价的弱势地位，使之享受到以大批发商的价格买单件商品的利益。

电子商务经营模式是电子商务模式的主要内容，主要包括：

（1）直接销售模式。

（2）黄页模式。

（3）打折券模式。

（4）佣金模式。

（5）预定模式。

（6）市场模式。

运营中细节

电商的运营有六方面的具体内容，如下所示：

1. 需求分析和整理

对于电商运营人员来说，最为重要的就是了解需求，在此基础上，提出网站具体的改善建议和方案。对这些建议和方案不能囫囵吞枣，要与大家一起讨论分析，确认是否具体可行。必要时，还要进行调查取证或分析统计，综合评出这些建议和方案的可取性。

需求创新直接决定了网站的特色，有特色的网站才会更有价值，才会更吸引用户来使用。例如，新浪每篇编辑后的文章里，常会提供与内容极为相关的另外内容链接，供读者选择，就充分考虑了用户的兴趣需求。网站细节的改变，应当是基于对用户需求把握而产生的。

此外，需求分析还包括对竞争对手的研究。研究竞争对手的产品和服务，看看他们做了哪些变化，判断这些变化是不是真的具有价值。如果能够为用户带来价值，这就毫无疑问地实行"拿来主义"了。

2. 频道内容建设

频道内容建设，是电商运营的重要工作。整个网站，其实都会感觉在做内容，这对一些信息门户网站来说，感觉会更为明显。网站内容，决定了你做的是一个怎么样的网站。当然，也有一些功能性的网站，比如搜索、即时聊天等，只是提供了一个功能，让大家去使用这些功能。但是，使用这些功能最终仍是为了获取想要的信息。

频道内容建设，更多的工作是由专门的编辑人员来完成，内容包括：频道栏目规划、信息编辑和上传、信息内容的质量提升等。编辑人员，做的也是网站运营范畴内的工作，属于网站运营工作中的重要组成成员。

内容建设，是一个长期积累的过程。网站内容质量的提升，应当是编辑人员最终的追求目标。很多的小网站，或部分大型网站，网站编辑人员同时承担着网站运营人员的角色，不仅要负责信息的编辑，还要提需求、做方案等。

3. 网站策划

策划是建设网站的关键，一个网站，只有真正策划好了，最终才会有可能成为好的网站。因为前期的网站策划涉及更多的市场因素。网站策划，包括前期市场调研、可行性分析、策划文档撰写、业务流程说明等内容。

根据需求来进行有效的规划。文章标题和内容怎么显示，功能键怎么摆放、广告如何展示等，都需要进行合理和科学的规划。

页面规划和设计是不一样的。页面规划较为初级，而页面设计则上升到了更高级的层次。对运营人员策划的方案内所给出的初级规划，设计人员填图加色，使之成为美观的页面，才能够让客户或用户产生好感。

4. 产品维护和改进

产品的维护和改进工作，在这里，强调的是产品的维护工作。产品维护工作，更多应是对顾客已购买产品的维护工作，响应顾客提出的问题。

在大多数网络公司，都有比较多的客服人员。很多的时候，客服人员对技术、产品等问题可能不是非常清楚，对顾客的不少问题也未能作很好的解答，这时候，就要运营人员分析和判断问题，或对顾客给出合理的说法，或把问题交技术人员去处理，或找更好的解决方案。从这个角度来说，客服人员是运营人员的"顾客"。

此外，产品维护还包括制定和改变产品政策、进行良好的产品包装、改进产品的使用体验等。大多情况下，产品改进同时也是需求分析和整理的问题。前面已经提到过，就不再赘述了。

5. 效果数据分析

效果数据分析，是指将网站划分为阶段性数据分析并整理，指导可持续性运营策略的重要工作；根据用户习惯来调整网站方向，对网络媒介的每一个细节进行分析，完成和提高网站对用户的黏性，提高吸引力及网站关注度。主要通过分析页面访问记录来实施，也可通过在线调查问卷的形式获取更多的用户体验。

用完善的数据分析来调整网络介质的传播方式及表现形式。如：系统功能改进，美工设计变动调整、改版等。以数据分析来指导运营才能有的放矢地抓住核心、抓住用户，更好地提升运营效果。因此这个环节虽然枯燥，却是非常重要、不可或缺的一步。

6. 各部门协调工作

这一部分的工作内容，更多体现的是管理角色。运营人员一般都深知整个网站的运营情况，知识面相对来说比较全面，与技术人员、美工、测试、业务的沟通协调工作，更多的是由运营人员来承担。

第四章　微时代：微博微信微营销

★ 微博营销过时了吗

　　当腾讯微信兴盛起来之后，新浪微博进入了漫长的冬夜，用户的注意力也出现了割裂。同时，随着企业热情的消逝、投入的减少，大量的第三方营销公司集体撤退，又让新浪微博首次感受到了荒烟蔓草的滋味。

　　作为背负财报业绩压力的上市公司，新浪微博不得不展开自救行动，比如，圈出一批自媒体名单，用现金补贴他们发布微博，然后再打包成菜单去供企业挑选，进行合作或者投放。当那些依附于微博的营销公司渐行渐远的时候，一种未曾注意到的孤独和恐慌便接踵而至。

　　通用电气中国区公关传播总监李国威，是一个在圈内响当当的人物，2014年却坦言，他要将通用电气的官方微博从代理公司手上收回，自建团队运作。不可否认，李国威是营销领域的务实派，非常看重微博的社交影响，却又只能眼睁睁地看着众多营销公司竭泽而渔。

可是，微博营销真的过时了吗？要说微博营销过时了，恐怕许多人会跳出来反对。当草根大号们都移步微信重新操刀时，善于造势和抱团取乐的这帮"幽默大师"扮演起了 KOL（关键意见领袖）的角色，充当起了信息引爆的节点，让企业的营销活动"事件化"。

如今的微博营销都不再以"带粉"为首要目标，将营销重点聚焦在了制造热点。这种做法虽然有消费用户情绪的嫌疑，但是不可否认，在微博的商业价值里，注意力永远都是不可或缺的组成部分。

那么，微博是否会变得边缘化乃至遭到淘汰？企业根本没有必要在这种应该由新浪来操心的课题上过多伤神。俗话说得好，瘦死的骆驼比马大。不管它再怎么趋于鸡肋，也比大多数企业那些停了搜索引擎竞价流量就归零的官方网站要更有人气。

到目前为止，微博最大的功劳，就是普及了"关注"这个动作的功能和意义。即使只有一个真实粉丝，企业微博的营销空间就有着无限的裂变可能。采用微博营销，每一个粉丝都是潜在营销对象，企业可以通过更新自己的微型博客向网友传播企业信息、产品信息，树立良好的企业形象和产品形象。虽然现在有很多参与微博营销的企业因为种种原因而做不好，却不能因此就认为企业微博营销不适合，或者过时了。

大多企业停留在用有奖活动聚集粉丝的初级阶段，可是用这种方法聚集起来的粉丝不是精准受众；只有发布产品知识、搜索关键词、开展话题讨论，找到对一些特定关键词和话题有兴趣的受众，才能积极地与用户互动。如果企业微博只发布信息，不与跟随者交流，必然会使热情起来的粉丝失去激情。

要知道，微博营销并不是一个简单的 140 字工程，微博运营琐碎而忙碌。微博营销不是一个点的工作，而是一条链工程；它不是一次猛攻，而是一场持久战。每个成功的企业背后都有一个认真执行的团队和完善的运营流程，而绝非游击战。

微博营销之所以做不好，有时候并不仅仅是内容没写好，活动没做好，有可能还有其他问题，比如微博推广有问题、互动不好，而每一项工作又是相互影响、相互制约的。从这个意义上来说，微博营销的每个工作都是设计！由此可见，说微博营销过时了，还为时尚早！

★什么是"微营销"

什么是微营销？很多人看到微营销一词，都会简单地理解为微信营销。

微信的火爆，让许多草根创业者们看到了希望和商机，于是大家纷纷上马，一时间微信营销培训机构和运营机构如雨后春笋般冒了出来，玩微信、加微友、朋友圈、搞沙龙、建微商城、通过启用微信公众平台提高关注度、把微信当作免费广告和宣传渠道并销售产品和服务，是现在所有玩微信、做微信的人所能够理解并正在运作的方法和方向。

我认为，这种理解是狭义上的微营销，那么什么才是真正意义上的微营销？为了让大家更好地理解，首先大家要先理解几个最重要的名词。

名词一："跨界"

世界上曾经有一家世界 500 强的企业，名叫"柯达"，在 1991 年，它的技术领先世界同行 10 年，但是 2012 年 1 月破产了，被做数码的干掉了。

当"索尼"还沉浸在数码领先的喜悦中时，突然发现，原来全世界卖照相机卖得最好的不是它，而是做手机的"诺基亚"，因为每部手机都是一部照相机，近几年"索尼"业绩大幅亏损，濒临倒闭。

之后，原来做电脑的"苹果"出来了，把手机世界老大的"诺基亚"给干掉了，而且没有还手之力，2013 年 9 月，"诺基亚"被微软收购了。

这样的案例越来越多！

360 的出台直接把杀毒变成了免费的，淘汰了金山毒霸；淘宝电子商务2012 年 1 万亿元的销量，逼得"苏宁"、"国美"这些传统零售巨头不得不转型，逼得"李宁服装"关掉了全国 1800 多家专卖店，连天上发了卫星的"沃尔玛"都难以招架，如果马云"菜鸟"行动成功的话，24 小时内全国到货的梦想实现，这些零售巨头的命运又将会是如何？

马云"余额宝"的出台，18 天狂收 57 亿元资金存款，开始强夺银行的饭碗；三马（马云、马化腾、马明哲）的网上保险公司的启动，预计未来五年将会有 200 万保险人员失业，其他保险公司将何去何从？腾讯微信的出台，用户已达 6 亿，并且还在增加，直接打劫了我国移动、电信和联通的饭碗。

如果有一天隔壁开火锅店的张三，手机卖得比你好的时候，不要觉得惊讶，因为这是一个跨界的时代。每个行业都在整合，都在交叉，都在相互渗透，如果原来你一直获利的产品或行业，在另外一个人手里，突然变成了一种免费的增值服务，你又如何生存？

未来的竞争，不再是产品的竞争、不再是渠道的竞争，而是资源整合的竞争，是终端消费者的竞争！谁能够持有资源，持有消费者用户，不管他消费什么产品、消费什么服务，你都能够盈利的时候，你才能够保证你的利益，才能立于不败之地。

名词二："趋势"

陈安之曾经说过："趋势就像一匹马，如果在马后面追，你永远都追不上，只有骑在马上面，才能和马一样的快，这就叫马到成功！"

未来的生活会是什么样子？设想一下，晚上带着家人去吃饭，拿出手机点击附近餐厅；看完餐厅介绍，对比之后，挑一家评价好的、好吃又实惠的餐厅，在手机上领取一张会员卡，订好座位；时间到了之后，点击导航，直接去吃饭，不用排队。

吃饭的时候，哪个好吃就拍个照，放到微博或朋友圈晒一晒，与朋友共享。以后朋友来这里吃饭的时候，凭着你的分享，朋友可以得到优惠，商家还可以给你返利，既能吃到好东西，又能赚钱，岂不惬意！

吃完饭，去商场购物，看到喜欢的产品，拿起来扫一下二维码，用手机比比价，放入网络购物车；逛完商场，在手机上点击送货时间和送货地址，直接付款，不用拎东西，也不用排队。然后，去看电影，因为电影票在吃饭的时候已经用手机买好了。这就是未来的生活，能实现吗？很快！

未来的商业模式将会是全新的O2O模式：线下（实体店）体验，线上（厂家系统网站）购买，由厂家亲自发货给顾客。聪明的企业家会将线上销售系统及物流仓储系统外包交给第三方公司解决，自己全力做好产品；然后，让顾客进行转介绍，厂家直接给顾客广告宣传费，如此商业模式将狂揽多少顾客，整合多少渠道资源？

名词三："定位"

在这个模式里，定位在哪个环节？

第一种选择：你可以成为马云或马化腾，打造这样的平台，建立一个线上销售系统，给大家使用，实现获利。

第二种选择：你可以成为第三方企业，例如：物流公司、培训教育机构、技术服务机构或营销机构，为企业和消费者提供教育和服务，实现获利。

第三种选择：你可以成为一个生产商，专心研发产品、生产产品，为消费者提供最好的产品和服务，参与市场竞争，实现获利。

第四种选择：你可以成为某家直销公司的业务员或经销商，帮助他们拓展加盟商或销售产品，建立连锁体验系统，实现获利。

第五种选择：做链接，直接持有消费者资源，与企业置换资源，来实现获利。

因为如果你手上持有 10 万个消费者粉丝，就可以卖手机、卖汽车、卖保险、卖化妆品……只要你有消费者，你想卖什么都可以，到时候你要做的事情只有一件——把消费者与企业链接起来，然后让消费者从中获得实惠，让企业获得收益。

名词四："分享"

这个跟做团购网有什么区别？区别只有一个，现阶段的网购不管你的产品再好，价格再低，当消费者得到满足的时候，交易就结束了。传统的销售方式，一次交易只能让消费者得到一次满足，然后靠回头客；如果再推出新产品或新服务，必须再做一次推广促销活动。

问你一个简单的问题：如果你家附近有两个商场，去第一个商场购物，成为会员，可以实现优惠打折；去第二个商场购物，产品、服务、价格都差不多，但不仅可以成为会员能够实现优惠打折，还可以通过分享，别人去购物你还能赚钱，你挑哪个？当然是第二个！那么，今天你在朋友圈里分享了吗？你的分享体现价值了吗？

……

了解了上面的这几个概念之后，我们再来看看，究竟什么是"微营销"？微营销是现代一种低成本、高性价比的营销手段。与传统营销方式相比，"微营销"主张通过"虚拟"与"现实"的互动，建立一个涉及研发、产品、渠道、市场、品牌传播、促销、客户关系等更"轻"、更高效的营销全链条，整合各类营销资源，达到以小博大、以轻博重的营销效果。

微营销的核心手段是客户关系管理，通过客户关系管理，实现路人变客户、客户变伙伴的过程。微营销的基本模式是拉新（发展新客户）、顾旧（转化老客户）和结盟（建立客户联盟），企业可以根据自己的客户资源情况，使用以上三种模式的一种或多种进行微营销。

微营销是传统营销与现代网络营销的结合体，不只是微信营销，是微营销的一个组成部分。微博、微信、微信公众平台、微网站、App 同时组合在一起也不是微营销，他们都是实现微营销的一个工具和方法的一部分。

★ 微信的营销功能

微信营销是网络经济时代企业营销模式的一种创新，是伴随着微信的火热而兴起的一种网络营销方式。微信不存在距离的限制，用户注册微信后，可与周围同样注册的"朋友"形成一种联系，用户订阅自己所需的信息，商家通过提供用户需要的信息，推广自己的产品，从而实现点对点的营销。

微信营销，包括微信平台基础内容搭建、微官网开发、营销功能扩展；另外，还有微信会员卡以及针对不同行业，如微餐饮、微外卖、微房产、微汽车、微电商、微婚庆、微酒店、微服务等个性化功能的开发。

2011 年 1 月 21 日，腾讯推出即时通信应用微信，支持发送语音短信、视频、图片和文字，可以群聊。2012 年 3 月 29 日，时隔一年多，马化腾通过腾讯微博宣布微信用户突破一亿大关，也就是新浪微博注册用户的 1/3。在腾讯 QQ 邮箱、各种户外广告和旗下产品的不断宣传和推广下，微信的用户也在逐月增加。

微信一对一的互动交流方式具有良好的互动性，精准推送信息的同时更能形成一种朋友关系。基于微信的种种优势，借助微信平台开展客户服务营销也成为继微博之后的又一新兴营销渠道。

微信营销，又有着哪些优势呢？

1. 高到达率

营销效果很大程度上取决于信息的到达率，这也是所有营销工具最关注的地方。与手机短信群发和邮件群发被大量过滤不同，微信公众账号所群发的每一条信息都能完整无误地发送到终端手机，到达率高达100%。

2. 高曝光率

曝光率是衡量信息发布效果的另外一个指标。信息曝光率和到达率完全是两码事，微信信息拥有更高的曝光率。微信是由移动即时通信工具衍生而来，天生具有很强的提醒力度，比如铃声、通知中心消息停驻、角标等，随时提醒用户收到未阅读的信息，曝光率高达100%。

3. 高接受率

如今，微信用户已达3亿之众，微信已经成为或者超过类似手机短信和电子邮件的主流信息接收工具，其广泛和普及性成为营销的基础，那些微信大号动辄数万甚至数十万粉丝。除此之外，由于公众账号的粉丝都是主动订阅而来，信息也是主动获取，完全不存在垃圾信息招致抵触的情况。

4. 高精准度

其实，那些拥有粉丝数量庞大且用户群体高度集中的垂直行业微信账号，才是真正炙手可热的营销资源和推广渠道。比如，酒类行业知名媒体佳酿网旗下的酒水招商公众账号，拥有近万名由酒厂、酒类营销机构和酒类经销商构成的粉丝，这些精准用户粉丝相当于一个盛大的在线糖酒会，每一个粉丝都是潜在客户。

5. 高便利性

移动终端的便利性再次增加了微信营销的高效性。相对于 PC 电脑而言，未来的智能手机不仅能够拥有 PC 电脑所能拥有的任何功能，而且携带方便，用户可以随时随地获取信息，而这会给商家的营销带来极大的方便。

★ 微信运营模式

目前微信为我们提供了哪些营销工具？这些营销工具又各有哪些优缺点？

1. 漂流瓶

方式：把信息放进瓶子里，用户主动捞起来得到信息，并传播出去。

实质：采用随机方式来推送消息。

优点：简单，易用。

不足：针对性不强。用户使用漂流瓶的目的是为了排遣无聊之情，如果在这里做营销，方式不正确，很容易产生反作用，使得用户对品牌或者产品产生厌恶之情。此外，每个用户每天只有 20 次捞漂流瓶的机会，捞到瓶子的机会是比较小的。

适用产品：已经有了较大知名度的产品或者品牌。

案例：招商银行的"爱心漂流瓶"用户互动活动案例。

2. 位置签名

方式：在签名档上放广告或者促销的消息，用户查找附近的人的时候或者摇一摇的时候会看见。

实质：类似高速公路的路牌广告，强制收看。

优点：很有效地拉拢附近用户，方式得当的话转化率比较高。

不足：覆盖人群可能不够大。

适用产品：类似肯德基这种位置决定生意的店铺。

案例：饿的神、K5便利店微信签名档营销。

3. 二维码

方式：用户扫描二维码，添加好友，进行互动。

实质：表面是用户添加，实质是得到忠实用户。

优点：是用户主动扫描的，至少证明用户对你的产品最起码还是感兴趣的，所以，可以针对性地诱导用户产生消费行为。

不足：必须用户主动扫描。

适用产品：与用户关系比较紧密的产品（不一定准确，欢迎知友们在知乎上进行讨论）。

案例：三人行骨头王火锅。

4. 开放平台

方式：把网站内容分享到微信，或者把微信内容分享到网站。

实质：类似于各种分享。

优点：由于微信用户彼此间具有某种更加亲密的关系，所以当产品中的商品被某个用户分享给其他好友后，相当于完成了一个有效到达的口碑营销。

不足：产品扩散比较困难。

适用产品：适合做口碑营销的产品。

案例：美丽说登录微信开放平台。

5. 朋友圈

方式：可以将手机应用、PC客户端、网站中的精彩内容快速分享到朋友圈中，支持网页链接方式打开。

实质：模仿国外产品 Path，属于私密社交。

优点：交流比较封闭，口碑营销会更加具备效果。

不足：开展营销活动比较困难。

适用产品：口碑类产品，或者私密性小的产品。

案例：暂无。

6. 公众平台

方式：微信认证账号，品牌主页。

实质：专属的推送信息渠道。

优点：推送的对象是关注你的用户，所以关系比较亲密；到达率100%。

不足：如果用户关注了20个品牌，每个品牌每天向你推送3条信息，那么这些信息就显得有些扰民了。

适用产品：明星。

案例："心理学与生活"这个公众账号。

★如何提高微信流量和转化率

如何提高微信流量

如今，挂在微信运营商嘴边最多的一句话就是如何增粉。商家进行微信运营推广，关键就在于粉丝的增加。只要增加了粉丝，就能让自己的微信平台受到更多的关注，得到更多的流量，甚至是销量。那么，如何让微信增粉引爆流量呢？

1. 利用相关的平台，引入定向的流量

随着微信如火如荼地发展，越来越多的商家都会在自己的网站/网页上添加微信的二维码，将流量引入微信。有人认为，这种效果可能不明显，其实不然！

例如，如果商家有一个个人网站或网页，每天的点击量是500，扫描微信公众账号的人有3%，这就意味着每天有10个人会关注商家的微信公众号。如果把整个点击量提高到5000，即使只有3%的转化率，粉丝增加的数量也是非常可观的。

所以，要想提升点击量，最好的方式就是利用多个平台，进行平台注册，建立自己的网站或网页，然后写一些原创性较高的文章，吸引更多人的关注，从而达到增粉的目的。

2. 有技巧地发布微信订阅号的内容

事实证明，微信订阅号发布的内容原创性越高，价值也会越高！一旦得到了用户的肯定，就能快速增粉。当然，并不是每个商家都有时间和精力去构思原创新文章，要在平时多关注一些和自己有同样兴趣话题的公众账号，取其精华，去其糟粕，为自己所用。

刚开始的时候，最好每天发布一篇，这一篇最好是精品。如果不是精品，只能以数量取胜，每天发3~5篇比较热门的文章来吸引用户。

3. 以个人微信号带动公众号

每个商家的微信号里，都有数量比较庞大的朋友圈，因此完全可以充分利用这个朋友圈，来带动自己的微信公众号。例如，可以通过现在最热门的微信集赞活动，来吸引用户集赞，得到更多人的关注。

4. 提高微信公众号的排名

商家要想让自己的微信公众号更加受关注，得到更多粉丝，就必须要提高排名。

影响公众号的排名因素有很多，比如公众号的认证、微信发布文章的分享数、阅读数、粉丝的增长量，以及公众账号的互动情况等，只有逐步认真地在每一个细节上面优化，才能有效提高微信公众号的排名。

另外，商家也可以多观察一下排名前列的公众号采用最多的关键词，加以分析参考，在自己的文章发表中也尽量添加，提高搜索排名位置。

总之，想要让微信增粉引爆流量，最重要的就是要做好原创文章的编写，以及公众号排名的优化，只有把基础打好，才能有更加稳固的发展。

如何提高微信转化率

目前，大部分淘宝卖家还没有涉足微信营销，即使有些卖家做了，也是摸着石头过河，难免会把微博的那一套硬生生地搬过来。如何提高微信的转化率呢？商家完全可以从以下几方面做起：

1. 做好新老客户的分类

电商微信公众账号的引粉绝大部分来自线上的推广，其中也包括老客户和新客户。做好新老客户的分类对提高转化率至关重要！首先，微信公众平台的功能有限，而微生活的微信电商平台还需要一定的合作条件，仅仅使用微信公众平台现有的分组功能，也是能够实现预期效果的。

比如，利用自身店铺或者包裹答谢卡推广公众账号，当客户扫描关注公众账号时，公众账号就可以自动回复一段文字说明，要求新客户回复"新客户"字样获取促销信息，老客户回复"老客户"获取会员优惠信息。当然，要提前设置好相应的关键词回复相应的图文信息。

接着，要对公众平台的实时消息进行实时监控，针对不同的回复将粉丝归入相应的分组。当然，添加备注也是必要的，也能够方便后期粉丝分组的调整。

2. 做好定位

不少卖家都会为了该推送什么内容给粉丝而感到苦恼，之所以会出现这样的问题，就在于开设公众账号之前没有定位好。

电商的微信公众账号可以是纯粹的营销号，即类似淘宝的一种分销推广渠道；也可以定位为分享产品内容的媒体号，在内容中插入购买链接。前者要相对容易，后者则需要不少文案。但是，后者的转化率明显高于前者！

所以，微信做内容这一关是绕不过的，而软文营销就可以很好地将产品推广糅入文章中，提高打开阅读率、跳转率和转化率。如今，很多卖家已经会推送图文并茂的软文，但如何控制好软文字数，巧妙地将粉丝引导进入下单的 WAP 页，就要考验编辑的能力了。其实，初期没有经验的时候，完全可以采用试错的方式来分析哪种风格的软文效果更好。

3. 粉丝主动分享内容到朋友圈和微群

转化率的关键点在于粉丝主动分享内容到朋友圈和微群，特别是店铺搞促销活动的时候。现在，我们就以化妆品品类的卖家为例来加以说明。

可以将 9.9 元包邮试用活动推送给大学生、白领群体，在内容中还要提示邀请粉丝把活动分享给好友。如此，只要已经下单购买的粉丝进行推荐，所带来的新客户下单数量就取决于该粉丝的微信好友数，以及该粉丝在圈子内的影响力。

一般来说，朋友之间的这种分享转化率都很高，特别是一传十、十传百之后，能够形成一个不断扩散的效果。因此，商家也可以考虑跟草根达人合作，利用他们在圈子里面的影响力，足够数量的活跃好友，实现口碑营销。

4. 使用微信接口应用

使用微信接口应用可以方便推广，如今，有不少针对淘宝开发的应用都可以有效改善用户的阅读体验和下单效果。如果是为了监控所推送内容的打开率、跳转率的数据，则可以自建 WAP 网站或 3G 网站，以 HTML5 语言搭建的网站能够自动适应屏幕尺寸大小，排版效果不错。

毋庸置疑，微信将成为移动电商一大流量入口，而且每一个流量的价值都远远高于现有的推广渠道。如何利用微信营销提高电商的转化率？除了上面提到的几点之外，商家完全可以在实际操作中不断摸索、不断改进，找到适合自己的！

★ 微官网推广策略

企业在互联网上做营销要有 PC 版网站。如今，企业要想到微信上做营销就必须要有微官网，这是微信营销成功的第一步。

微官网是适应高速发展的移动互联网市场环境而诞生的一种基于 Web App 和传统 PC 版网站相融合的新型网站，可以兼容 iOS、Android、WP 等多种智能手机操作系统。

微官网的网站页面完全适合手机、平板，能够自动识别客户的屏幕大小，网站内容精简，页面资源小，加载速度快，用户体验好，匹配 iOS、Android、WP 等各大操作系统，对于 6 亿的微信用户市场来说，微官网的开发与推广蕴含了不可估量的商业价值。

谁占领了用户手机，谁就占领了市场！微官网为企业微信营销之战打好了前锋，快速进入用户手机，让企业在目标客户的手机里安家落户，把握住一对一精准营销。

企业微官网，不仅是一个手机网站，更是移动互联网时代的企业应用与商业服务平台，有利于实现企业品牌展现、互动营销、商业交易与服务功能。

微官网推广做得好不好，归根结底还是要看微信的内容怎么样，有没有足够的吸引力促使读者不取消关注，吸引更多的读者。如何进行微官网推广呢？概括起来，做好微官网推广要经历这样几个步骤：

第一步：描述上下文背景

在试图得到用户关注前，一定要做一件事情——建立上下文背景。只有这样，才可以让企业从人群中脱颖而出。上下文背景是企业能够让用户沉浸在你的消息中的原因，如果他们关注你的公众号，订阅就会成为企业发给他们任何电子邮件的上下文。

如果是在企业网站上发现的内容，那么这个人对于企业的话题或服务信息的搜索就是上下文。如果企业正在报纸杂志上发布广告，那么该刊物的主题也就是上下文。

第二步：引起注意

微官网一旦建立起了上下文背景，企业就能够继续抓住用户的注意了。比如，可以通过标题来引起用户的注意。

第三步：产生欲望、渴望

目前营销的现实是：即使能引起用户的注意，他们的注意力也不会持续太长的时间。企业必须把握那十五秒，让用户对你的产品产生渴望，并且能让这种渴望持续。这就相当于写微信时前面的一段引言，给读者的诱饵：要通过引言抓住读者的兴趣，要把他们卷进他们的经历；然后，再把故事详情告诉他们。

第四步：建立落差

微官网成功引起了他们的注意，也创造了欲望。这时候，就要开始为说服他们采取行动了。要告诉用户，如果现在不立即使用这个产品或者服务，后果是什么？这个环节就是建立落差。

企业可以通过"如果什么都不改变，那将意味着什么"这样的询问引出落差，答案可能会激起强烈的情感。毕竟，你在谈论他们的痛苦现状所造成的影响——前景无法改变是可怕的。

第五步：提供解决方案

一旦建立了落差，就要迅速过渡到解决方案，并且要让他们知道、了解它。任何一个额外的细节，都是一个机会问题，是有关如何解决工作上的需要知道的问题。

第六步：呼吁用户采取行动

最终目的是想让用户采取行动，要做到两件事情：当用户阅读完后，应该让他们迅速采取行动。并非让他们打你手机或者访问企业的网站或微博；明确告诉用户让他们采取行动，而不是和他们绕圈子，把你想要他们做的事情直白地告诉他们。

★个人如何玩转微信营销

现在，微信营销功能已经被神化了，很多传统营销机构都转型做微信营销培训。除了微信公众平台订阅号、服务号，连个人微信朋友圈也是他们的营销战场。个人如何玩转微信营销呢？这里我们总结几点经验，希望可以帮助你正确理解微信营销。

1. 增加个人微信好友

概括起来，增加个人微信好友的方法一共有三个：

（1）将自己的 QQ 好友加为微信好友。如何寻找目标人群并将他加为好友呢？除了宣传自己的微信名片让别人主动加你之外，也可以主动出击。QQ 群是按照特定群体进行分类的，可以通过 QQ 群来找到各个行业的人群，也可以通过查找好友找到相应地区或者年龄段的 QQ 并加为好友。

（2）将手机通讯录的人加为好友。有的人可能拥有很多客户的手机号码资源，如何更快地加这些人为好友呢？将手机号码资源用 txt 或者 office 格式整理好，之后就可以用豌豆荚或者 QQ 手机管家导入手机通讯录了。

需要说明的是，导入之前，要先取消自己的个人微信号与自己所用手机号码的绑定，然后再导入生成手机号码列表。导入完成之后，再重新将自己的个人微信号绑定自己所用的手机号码。这时，腾讯就会向你导入的手机号码列表中，已经开通了微信的人发一条推荐的信息，如果对方有兴趣，就可以点击添加你为好友。

（3）可以把个人微信二维码、微信号通过媒体渠道进行宣传，比如：QQ 群、网站、微博、QQ 空间等。

2. 微信朋友圈只发文字

打开微信朋友圈，按住右上角相机按钮 2~3 秒钟。

这里有个细节，在 80 个字符或 6 行以内文字不会折叠，如果你有手机网站，在文字中还可以放上你的网址，为网站带来精准客户。

3. 微信群发助手

微信订阅号每天可以发一条信息，服务号是一个月发一条信息，个人微信号可以不限制分享，还可以不限量每次群发 200 条信息。

4. 看微信好友人数

如何才能看到微信好友的人数呢？首先，在通讯录中最下方可以看到好友总数。其次，进入微信首页，点击右下方的"我"。点击"设置"，进入设置选项。

在设置中选择"通用"选项。在通用中进入功能选项。在功能中选择"群发助手"。

在功能设置群发助手里点击开始群发。

在最下方选择新建群发。

在选择收信人中点击右上角全选按钮。

点击全选之后，屏幕最下方的下一步按钮显示数字即为您微信好友数量。

5. 利用微信备注功能对用户进行分组管理

如果你的微信好友非常多，大多数时候会记不住微信好友的真实姓名，如果你想利用个人微信去影响身边朋友，就一定要标记好每个用户的名称。

打开微信通讯录，找到好友，点击头像进入详细资料，点击右上角的"…"，接着点击"备注名"就可增加好友备注了。

6. 想办法出现在微信通讯录最前面

如何才能让自己出现在微信通讯录的最前面呢？

（1）微信名称以 A 开头，如 A01 李辉。如果中文名称首字拼音是 A 开头，效果也一样。

（2）让朋友把你设置为标星朋友，打开微信通讯录，找到好友，点击头像进入详细资料，点击右上角的"…"，点击"标为星标朋友"。

7. 写好"个性签名"、微信名称

微信名称就像网站域名一样，容易让人记住，或是看到这个名称可以联想到你是做什么的。个性签名中，要放一些宣传目的，如卖产品，或是提供什么服务。

8. 微信朋友圈分享什么内容，什么时间发效果好

要想定位你的发布内容，首先要搞清楚你的微信好友喜欢什么，或是你想达到什么样的宣传目的。笔者认为，每天最好发布一至两条内容，过多会引起好友的反感；发布时间可以选择在早上 7∶00、中午 11∶30、晚上 5∶30比较合适。

9. 个人微信一样需要互动

微信好友每一条内容下方，都可以赞或评论，相信你也经常赞或被赞，每个人都喜欢别人的赞，这是人性的弱点：虚荣心。每个人都喜欢被赞美，被表扬。经常赞或评论，就跟经常电话交流一样，可以让好友记住你。

10. 微信群

微信群是变化的人与人关系，可以"被加入、可选择、随时退、随时进"，一个成功微信群要能达成共鸣，一般的用户建微信群是 40 人数，可以建 M 个群和好友进行交流。

怎么让相关客户加你微信群？网上有 N 种推广方法，可以尝试一下：

（1）点击微信界面右上角的魔法棒图标，然后点"发起聊天"。

（2）勾选你想要添加到群里的好友，单击"确定"，就建立好自己的"微信群"了！

（3）"微信群"创建成功！可以群发送语音或者文字图片了！

（4）"微信群"管理：点击聊天界面右上角的按钮，如果选择"－"，然后点成员头像左上角的"－"就可以删人了；或者单击"＋"，可以添加群成员。

（5）改"微信群聊"名称：点聊天界面右上角的按钮，选择"群聊名称"后，输入新的群名称，然后保存就好了！

　　想利用好个人微信朋友圈来宣传品牌或产品，需要结合 QQ 空间、微信公共账号、手机网站、微博等移动端媒体，大家要多看看圈子营销、数据库营销书籍，在做微信营销时，要多思考什么内容对用户有价值，你是否能不断给客户提供价值，当你不断给客户提供价值的时候，客户迟早会与你成交，并且这个成交的过程会非常轻松。

第五章 O2O（Online to Offline）模式

★O2O模式的线上线下互动

　　O2O 即 Online to Offline（在线离线/线上到线下），是指将线下的商务机会与互联网结合，让互联网成为线下交易的前台，这个概念最早来源于美国。O2O 的概念非常广泛，只要产业链中既可涉及线上，又可涉及线下，就可通称为 O2O。

　　O2O 商务模式的关键是：在网上寻找消费者，然后将他们带到现实的商店中。它是支付模式和为店主创造客流量的一种结合；对消费者来说，也是一种"发现"机制，实现了线下的购买。这种模式应该说更偏向于线下，更有利于消费者，让消费者感觉消费得较踏实。

O2O 在国外看起来是即将要爆发，所以我们应该充满着期望和信心。但在我国，因为商家不是那么成熟，这方面有一定的挑战。

如今，可以看到两种趋势：

一种是线上的快速发展。无论是布丁或者是酒店管家，这类产品都在线上发展很快。但这类产品面临同质化的问题，别人如果也做怎么办？因为里面只有线上，没有线下。

另一种是线下的行为，到家美食会是很有趣的例子，做了线下送餐的服务，他们使用了一种非常辛苦，但非常有竞争优势的方式，一旦做成了，可能跟京东的做法有点相似。就是说，如果你做了送餐服务，然后再跟每个商家接触，他们对互联网不懂，没关系，我来帮你解释，我来帮你做。如果你愿意做得更深，可以做成 O2O 的，只是成本比较高，发展比较慢。

2013 年 6 月 8 日，苏宁线上线下同价，揭开了 O2O 模式的序幕。

线上线下还有一种 O2O 新模式，也就是生活服务类 O2O。比如微客网，把线下的服务通过线上出售、购买、交易、点评形成的新商业模式。

随着网络的飞速发展，O2O 也发展成另一种方式，反向 O2O，即线下到线上，主要核心是利用线下的信息展示渠道（包括二维码等）及各种线下推广活动等，将用户引导至线上。随后可能再有线上到线下的反向转移，促进线下销售。

★ 不得不说的"二维码"

举起手机，对准黑白"马赛克"一样的商家二维码扫描，"滴"一声之后，商家折扣、最新商品信息便被推送到眼前。如今，很多人都迷上了扫商家的二维码。

最开始看到经常光顾的网店首页贴出像黑白马赛克一样的二维码标签，说扫一扫就有折扣，杨小姐就试了一下。这样，想要了解店里服饰更新信息，再也不用守着电脑刷新网页了。

近半年来，杨小姐发现除了网店，中山各大商场、超市甚至饮食店都开始有了自己的二维码标签。吃饭时"扫一扫"，不仅有折扣，还有赠品；逛商场时"扫一扫"，还能拿到商家指定的折扣商品。

当"刷码"成为潮流之后，二维码的广泛应用逐渐被知晓。

"扫一扫"商品上的二维码，还能查询到商品产地、生产过程等各种参数；扫描一些票据上的二维码，还可以验证票据的真伪。最近她发现，除了扫别人的二维码外，其实自己也能制作属于自己的二维码。只要输入自己的基本信息，点击生成二维码，一张专属于自己的二维码名片就生成了。出门不需要再带纸质名片，拿出二维码名片给别人"扫一扫"，电话、职务等信息一目了然。

目前，伴随着各大运营商加速智能手机和相关业务的开发，二维码功能迅速在商业领域应用开来，利用二维码享受购物折扣、订酒店订票也逐渐在中山流行起来。越来越多的商家都参与到"扫一扫"潮流中来了。

在商场入口处，商家特意竖起了包含有二维码标签的广告牌。假日广场一楼，更是将广场的二维码标签，做成竖条状的灯箱放置在显眼处。

山西面馆，在每张餐桌上都贴上自己的二维码标签，顾客扫一扫标签便可获得相应的赠品。

打开微信"扫一扫"BLT超市的二维码，关注弹出的账号。随后超市将会推送出本月的会员商品特价信息、线下环保活动等。

"扫一扫"影城的二维码，便会弹出最新的电影资讯，包括电影排期、票房信息、观影指南、互动游戏等信息。

二维码（Two-Dimensional Code），又称二维条码，它是用特定的几何图形按一定规律在平面（二维方向）上分布的黑白相间的图形，是所有信息数据的一把钥匙。在现代商业活动中，可实现的应用十分广泛，如：产品防伪/溯源、广告推送、网站链接、数据下载、商品交易、定位/导航、电子商务应用、车辆管理、信息传递等。

概括起来，二维码有着这样一些特点：

（1）高密度编码，信息容量大。可容纳多达 1850 个大写字母或 2710 个数字或 1108 个字节，或 500 多个汉字，比普通条码信息容量约高几十倍。

（2）编码范围广。该条码可以把图片、声音、文字、签字、指纹等可以数字化的信息进行编码，用条码表示出来；可以表示多种语言文字；可以表示图像数据。

（3）容错能力强，具有纠错功能。二维条码因穿孔、污损等引起局部损坏时，照样可以正确得到识读，损毁面积达 50% 仍可恢复信息。

（4）译码可靠性高。比普通条码译码错误率百万分之二要低得多，误码率不超过千万分之一。

（5）可以引入加密措施。保密性、防伪性好。

（6）成本低，易制作，持久耐用。

（7）条码符号形状、尺寸大小比例可变。

（8）二维条码可以使用激光或 CCD 阅读器识读。

研究显示，2011 年我国智能手机出货量 7210 万台。随着第三代移动通信（3G）时代的到来，手机功能增多，为二维条码的应用提供了更加广阔的空间。手机条码阅读引擎的开发使二维条码以手机为载体，而腾讯的微信应用使用量达到 2.4 亿，其中有一个"扫一扫"的功能专门用来扫二维码来获取里面的信息。

所谓二维码，基本上就可以理解为更加复杂的条形码。条形码今天的应用相当广泛，但凡一个正规的商品都会印有一个条形码。不过所包含的信息远远不如二维码。

将手机需要访问、使用的信息编码到二维码中，利用手机的摄像头识读，这就是手机二维码。可以将手机二维码印刷在报纸、杂志、广告、图书、包装以及个人名片等多种载体上，用户只要用手机摄像头扫描一下二维码或输入二维码下面的号码、关键字，就能够实现快速手机上网，快速便捷地浏览网页，下载图文、音乐、视频，获取优惠券，参与抽奖，了解企业产品信息，省去了在手机上输入 URL 的繁琐过程，实现一键上网。

同时，还可以方便地用手机识别和存储名片、自动输入短信，获取公共服务，实现电子地图查询定位、手机阅读等多种功能。随着 3G 的到来，二维码也就为网络浏览、下载、在线视频、网上购物、网上支付等提供了方便的入口。

商家现在可以向新太网联科技提出申请，免费获得商家二维码，用户只要用手机扫一扫，便可以获得商家优惠信息，并且成为商家忠实粉丝。商家可以集体管理粉丝，还可以群发活动信息给粉丝，粉丝还可以通过商家智能客服，了解商家活动、宣传短片、图片照片、企业信息、折扣优惠、联系方式等图文、视频、语音信息。

★O2O 的典型代表——团购

自从几年前团购网站一拥而上后，短短一段时间里，团购就已经改变了不少人的消费习惯。有段时间甚至出现了人们见面时寒暄的问候语，由"吃饭了吗"变为"你团了吗"。不少人已经习惯了每天都上团购网进行团购，然后和自己的亲戚朋友一同去享用那美味的餐饮美食……团购的确正在逐渐改变部分人的生活习惯。

团购（Group Purchase）就是团体购物，指认识或不认识的消费者联合起来，加大与商家的谈判能力，求得最优价格的一种购物方式。根据薄利多销的原理，商家可以给出低于零售价格的团购折扣和单独购买得不到的优质服务。

网络团购改变了传统消费习惯！团购最核心的优势体现在商品价格优惠上。根据团购的人数和订购产品的数量，消费者一般能得到5%~40%不等的优惠折扣。

团购优势

（1）对于没有多少空闲时间的顾客，或者一些要求比较高的顾客来说，有价格上的好处。

不是每个顾客都会花大量的时间去学习知识，也不是每个顾客都知道哪里买东西便宜，很多顾客甚至只逛商场，那么团购的价格的确是比商场便宜了。即使有些顾客逛市场，市场商家多而杂，找到了好的可能是要便宜点，没有找到好的讲了半天价格还要贵点。

不过，对于这类顾客来说，要坚持一个原则，团购的时候不要盲目，连自己要什么都不知道，看见团购就去交定金，是不行的！你起码要知道你到底要什么。

（2）对于一天到晚都在网络上学习知识或者有一定时间去了解市场的顾客来说，即使你会找建材市场便宜的服务好的商家，但也不太可能把每个品种找完的，总有你找不到的。找不到的，有团购就可以去参加，虽然不一定便宜，但也是不贵的，也许价格和特价是一样的。

（3）对于已经确定了一个固定品牌的产品，而这个品牌基本上没有经销商，只有自营店，团购也还是有用的。因为你已经固定了品牌，好不好都是那个了，只有自营店，找不到经销商杀价，即使你讲价讲得到团购的价格，也要花很多的精力。

（4）面对形形色色的美食，很多时候会被其价格阻挡在门外。对于一家环境优美、品位时尚的餐厅，没有充足的消费者会很可惜。这时候，团购平台不仅可以满足消费者的口味，也能给团购商家带去充足的客源和人气。

团 购 流 程

团购分为两种：开团和跟团。开团者称为团长，是组织团购的一方；跟团者称为团员，是参加团购的一方。除团长和团员以外，还有提供商品的一方，称为商家。

1. 团长

首先，团长开团：

☞团长找到开团的商品，确定团购要求人数、商品品牌、型号及商品团购的价格等。

☞召集团员。可以在网上发布信息寻找，也可以找周围的亲戚朋友等。为了更好地确定团员人数，有些团长会向团员要求定金。

☞团员人数达到团购要求的人数后，团长就会组织向商家进行统一购买。团购结束，如果团员未达到团购要求，则开团失败。

2. 团员

对团员来说，不需要和商家接触，不需要讨价还价等。

☞团员看到了团长的帖子，或者被周围开团的亲戚朋友说动，觉得对开团的商品很感兴趣，参与团购。

☞团员人数达到团购要求的人数后，向团长付款，领商品、索要相关票据、质保书等，团购结束；如果团员未达到团购要求，则跟团失败。

团购的商业模式

团购的商业模式有三种，如表5-1所示。

表5-1 团购商业模式

模式	说　明
网站—用户	团购网站提供有吸引力的商品/服务，超级优惠折扣，吸引用户购买，并通过奖励用户推广等方式推广用户；用户通过社交化的网络传播，带来规模效应
网站—商家	团购网站寻找有合作意向的商家，约定达成团购的有效人数，没有达到人数则相当于媒体广告，达到不同人数规模可分享或提成部分收益
商家—用户	用户去商家进行消费，成为实际用户；商家积累用户后，进一步了解需求，再次开拓用户的价值

团购的盈利模式

在团购类网站中，相对成熟的盈利模式主要有以下六种：

1. 商品直销

以"团购"的名义直接在网站上登录商品信息进行直接销售，这里的货源也可以是自己进货，或跟商家合作代销，直接获得商品销售利润。商品直销是在网站运作中实现基本盈利的传统方式。

2. 活动回扣

网站作为商家与买家的中间桥梁，组织有共同需求的买家向商家集体采购，事后商家向网站支付利润回报，即大家生活中常见的"回扣"形式。千万不要小看这个"回扣"，它是最有可能成为你最大收益的方式之一。

团购商品小到生活用品，大到电器、建材、装修、汽车、房产等，如果商家成功组织了一个大型采购团，如买车团、买房团，一次活动的商家利润回报小到上万元，大到十几万元甚至更多。一些大型团购网站号称有千人团购会甚至有万人团购会，这种大规模的采购产生的利润回报之大可想而知。

3. 商家展会

不定期举办商家展览交流会，商家可以借此机会进行新产品的推广、试用，可以面对面与客户交流、接受咨询与订单并借此了解客户的需求与建议。网站向商家收取展位费获得收益。

4. 广告服务

团购类网站除了具有区域性特征外，其受众一般都是具备消费、购买能力、欲购买的人群，对于商家来说定位精准、目标明确、成本低廉，必将成为商家广告宣传的最佳平台。

5. 售会员卡

"IP会员"是用来凸显用户"尊贵身份"的常见方式，在年轻人，特别是学生人群中非常受欢迎。团购网站可以通过发放会员卡的形式来让用户提升"身份"，网站可以为持卡会员提供更低廉的商品价格、更贴心的服务，可以让持卡会员直接在合作的商家实体店铺进行"团购"。

6. 分站加盟

当网站发展到有一定影响力时，已经在为你做项目招商。此时可以提供授权给加盟者成立分站，为加盟者提供网络平台、运作经验、共享网站品牌等。如此，不仅可以获得加盟费，还能够扩大自身规模的影响力。

其实，团购网站的运作、盈利模式不限于以上六种，商家要根据自身的发展状况、环境特点进行创新，产生更多的盈利方式，比如为商家、买家提供更丰富的增值服务等。

★ 触网找死，不触网等死

大电商开放平台作为一个整合方，能够整合更多的平台，更多的渠道，带来更多的采购机会，除3C商品的采购体系之外，大电商平台已经无弱点了。

随着阿里巴巴系逐渐在筹建物流，在北京、天津、广州、上海等地圈了一些地，建成之后在物流速度以及运营效率方面都会提升；而京东在3C方面的优势使很多人已经形成了"买3C产品上京东"的根深蒂固印象。

京东不需要负担很大的客户开发成本，用户黏性较强；从物流体系上看，京东物流效率已经很高，京东有6个一级仓的建设计划，分期购地1800亩，如果未来京东资金链不出现问题，以刘强东在3C领域的议价能力，作为线下零售巨头的苏宁、国美必定线下艰难。

也就是说，如果线下零售企业触网，比如苏宁易购、国美商城等，以电商视角的"正"方式（想在线上对互联网入口、技术平台这两个弱点补齐）来对抗如天猫和京东等在电商视角中的强项，可以断言，这样的交战，线下零售企业必败！

线下零售企业想通过招揽这些人与线上电商企业在它的传统领域交战，更加速了这些零售企业触网的死亡。想想看，你在线下做得如此辛苦，员工薪水如此低，成本控制得如此严格，如今一下子"触电"，员工的薪水都比线下实体店的店长高出很多，还冲击了自己线下实体店的销售额，你对组织员工的素质要求太高，这是不符合人性的做法。所以，线下零售企业一定要跳出电商的"正"优势，以"奇"取胜。

★线上线下的消费体验

如今，线上线下O2O被认为是移动互联网领域最具潜力的市场之一，无论是电商企业还是传统实体公司，都在努力打通线上与线下的通道，都看到了将两个"O"融合起来的巨大"钱景"。不过，知易行难！

线上与线下的融合并不是件简单的事，如果措施得当，两者能实现互动共赢；如果做得不好，很有可能会面临左右手互搏的困境。可以说，目前还没有哪家企业能将线上和线下资源完美融合。

我们挑选了几个不同行业企业线上线下融合的案例，看看他们都进行了怎样的尝试，又可以给我们什么启示。

美邦服饰

自发布O2O战略以来，美邦服饰一直将其与店铺的升级改造结合在一起。店内除了提供多种O2O功能服务外，还都设置了休闲区，提供咖啡小食。新开业的重庆新华国际店更是将新锐艺术工场搬进了店铺里。

美邦落户在重庆的体验店是一家全品牌集成店，囊括了美邦旗下Meters-bonwe、ME&CITY、ME&CITY KIDS、Moomoo四个品牌，消费者可以从这家店找到从成人到儿童的所有美邦服装品类，这也是美邦开设的首家全品牌集成店。

美邦重庆店有四层，为了避免消费者在店内逛累没法休息的情况，美邦在四层开设了咖啡吧，消费者可以坐下来享受咖啡，同时阅读美邦提供的免费书籍，或是连接店内的高速WiFi，进入邦购网或登录美邦App，继续线上选购。

美邦为了提升用户体验，在很多细节上下了心思，比如，进店位置就是一个引人注意的万花筒电子屏，这个设置带来的科技感一方面可以提升店铺档次，另一方面可以提高用户购物体验；店铺内零星摆放了一些大小不一的球体，可以提供给顾客拍照用，这一设施有助于增加顾客互动感。

店内每层都配置有大型电子屏装置，据店内工作人员介绍，这些是"时尚搭配"互动装置，与时尚顾问相对应，只不过一个是人工服务，一个是机器服务。消费者将衣服的二维码放在装置上进行扫描，就可以看到提供的各种搭配，同时，搭配中的每件单品信息也都会显示在屏幕上，这种做法应该是为了方便导购员为消费者进行货物查找。这种提供搭配建议的方式，一方面可以满足消费者购买服装时的搭配需求，另一方面可以提高美邦的销量。

优衣库

大家对优衣库都很熟悉，但是对迅销公司就有些陌生了。其实，迅销公司正是优衣库服装连锁店的母公司，亚洲最大的成衣零售商，它的目标是超越 Zara 母公司西班牙的 Inditex SA，成为全球第一大服装零售商。优衣库以独特的销售策略而著称，同样，它在线上和线下的互动也走在了同行前列。

2013 年，优衣库首次与电商联手参与"双十一"活动。优衣库天猫旗舰店"双十一"单日销售额突破 1.2 亿元，销量超过百万件，同比增长超过 500%。

利用线上来服务和推广线下是优衣库的一贯策略，而且取得了不错的成效。优衣库实体店铺内会通过广播、收银员介绍、店内海报等形式对自家 App 进行推销；同时，用户利用 App 可以获得打折购买商品的优惠。

优衣库的线上 App 更多的是起到宣传和推广的作用，销售并不是主要目的。首先，线上和线下的商品价格相对独立，避免了对实体渠道的冲击；其次，优衣库利用 App 引导用户前往实体店购物，有些优惠二维码在线上获取，但只能在实体店使用；最后，线上店和线下店商品种类和优惠时间都存在差异，避免了"双手互搏"。

优衣库还巧妙利用 App 来为线下拓展服务。目前，该品牌的实体店铺多集中在一线和二线城市，而 App 和天猫旗舰店的用户却分布于全国各地。于是，优衣库利用 App 进行网络推广，利用天猫旗舰店让无法前往实体店的用户首先感受到商品的质量，再通过用户回馈来制定策略。根据线上用户反馈回来的数据，确定用户的地理位置、消费需求等，为实体店铺选址和建设进度提供参考。

聚美优品

化妆品电商聚美优品一直以来行事都颇为高调，CEO 陈欧更因为一系列的"我为自己代言"电视广告而成为话题人物。对于电商来说，线上和线下互动是未来发展的必经之路，聚美优品就大胆地进行了尝试。

2013 年底，聚美优品的线下旗舰店正式与消费者见面。店面地处北京繁华的商圈前门步行街，这里人流量大，占据了足够的位置优势。之所以要开设线下店，是因为电子商务进入门槛太低，尤其是化妆品类商品，消费者会有一种天然的不信任。

实体的旗舰店会给消费者带来直接体验，同时还可以提升品牌的可信度。聚美优品单日最大销售额号称已经突破 5 亿元，相当于上千家线下店铺的规模。

聚美优品线下旗舰店分为上下两层：一层为香水销售区，二层为护肤品、彩妆区，以品牌专柜的方式进行展示。消费者在聚美优品的旗舰店能够当场购买所有的产品。店内随处可见聚美优品 App 的二维码，用户扫码登录客户端还能获得一定程度的奖励。由此可见，聚美优品利用旗舰店实现了线上和线下的互动。

roseonly

一家名为 roseonly 的网络花店，开始尝试设立线下实体店，打造恒温恒湿的专业花房，并且增设了咖啡服务。

roseonly，是一个互联网鲜花品牌，凭借"专一"的理念在网上迅速红火起来。

roseonly 卖的不仅是世界顶级的玫瑰，更重要的是，如果你从 roseonly 上收到了花，至少在 roseonly 这个平台上你就成为了送花人的唯一——送花人只能在 roseonly 上填写一个收花人信息，并且永远无法更改，可谓"一生只送一人"。有哪个女人不想成为"唯一"呢？所以虽然费用不菲，但是 roseonly 还是在互联网上大受追捧。

作为一家在线上起家的品牌，roseonly 显然并不会将目光只放在线上。线上和线下的互动成为 roseonly 探索的方向。2013 年 9 月，roseonly 首家实体展示店在北京三里屯亮相。2014 年初，roseonly 又在上海新天地开设线下展示店，并在延续线上主营鲜花、巧克力、围巾等产品的基础上增加了咖啡服务。

谈到开设线下展示店的初衷，roseonly 表示是为了满足不同渠道客户的需求，进一步提升客户体验。作为一家以"鲜花中的奢侈品"定位的互联网品牌，不以盈利为主要目的线下展示店的开设，确实可以为客户体验和品牌美誉度的提升提供帮助。

★大数据时代的 O2O

O2O 是什么？很多人会认为 O2O 在过去，笔者则认为：在过去十年中，线上、线下两个商业形态是两条平行线，水火不相容。但是走到今天，当 O2O 出来的时候，两条平行线交汇了，在这个交汇点上它将形成一个信号——交汇点之后的时代是一个数据时代，交汇点之前的时代是工业时代和互联网时代。由此可见，O2O 是工业革命结束的红灯，信息革命结束的黄灯。为什么？

所谓信息革命指的是，互联网商业。互联网商业可以带来具有数据化商业的形，但不具有数据化商业的魂，是未来数据时代的绿灯。数据时代的大门打开了，从 O2O 开始。

电子商务是什么？电子商务是商品的数据化。商业店铺形态的转变是什么？它代表着用户的数据化，就是线下商业往线上走。正是用户的数据化、商品的数据化还有商业模式的数据化到 O2O，才让整个的商业进入到未来的数据时代。

图 5 -1 O2O 的四个战场

第一，入口的战场

比如，小米手机。小米推完手机推互联网电视，后推豆浆机、推 Wi - Fi、路由器，为什么？其实特别简单，它在占据未来属于数据的入口。每个人手上都有手机，购物的时候，要打开微信得从手机上打开吧？从这个意义上来说，它在占入口。

第二，地图入口

为什么腾讯和阿里，一个要买大众点评，一个要买高德地图？未来线下店铺服务网点的设置有一个最核心的入口是地图入口。线下消费，从线上下订单。线下消费，最核心的工具是地图。如今，我国实际的互联网版图已经三分天下，雷军、阿里巴巴和腾讯。

第三，创意和设计

创意和设计的方向在未来会大为爆发，比如过去的服装设计，在线上未来将是一个最典型的入口。还有一个，定制，就是消费者的定制。然后是LBS地图的销售，这是线上的入口。

第四，线下入口

未来的店铺会成为什么？成为工厂，成为客服中心，成为物流仓储中心，成为年轻人免费创业的平台。所以，未来的店铺第一个是物流中心，第二个是生产中心，第三个是年轻人免费的创业中心，第四个是文化消费的中心。

O2O 将促进"数据货币"

未来的云商是自媒体加上口碑搜索加上云店（就是微店），自媒体在未来必然兴起，淘汰传统媒体，淘汰大众化板块化的媒体。正是因为这个，未来的商业会出现新的货币——数据货币。其实已经出现了，比如积分。不是花100块钱给我自己奖励100块，而是把这100块奖励给卖的人，把积分付给消费者，瞬间数据货币产生了。

未来的消费者会出现非常大的变化，其实做营销的人就是做老板的人。现在老板都会关注营销，因为营销和投钱有关系。比如，笔者在企业就负责营销，营销的时候发现了两个问题：第一个问题是钱投下去不见效，对销售影响变化不大；第二个问题是投钱的效率越来越低，媒体运用的效率越来越低。

（1）角色决定着你的动机、行为和需求！比如，称谓就是一个角色，商家扮演的是"小二"的角色，用户会怎么做事情？过去为了强化厂商的专业性，销售工程师会告诉你："我很专业，你什么都不懂，请不要和我辩论。"称谓是"售货员"的时候会告诉你，"你爱买不买，反正你不买就买不着。"称谓是"推销员"的时候会说，"我有很多货就想卖给你，先生买一个我的吧。"所以说，称谓、角色决定你的动机，动机决定你的行为，行为决定着需求。

行为的改变决定着市场上整个销售形态的改变，需求的改变决定着组织供给的改变。所以整个营销的根基在哪里？在于新的消费者角色的改变！

那么，消费者到底有什么新的角色呢？我认为会有六种新的角色：

消费者越来越注重创新；

消费者越来越注重隐私；

消费者越来越注重个性；

消费者越来越注重价值；

消费者越来越注重圈群的社交；

消费者越来越离不开网络。

（2）如果你只是响应所有人都看得见的需求，企业基本赚不到钱，为什么？因为这部分需求未来都免费了。什么才能赚到钱呢？比如说，卖一个手机，一个硅胶的减震的手机套，能赚很多，为什么？量大、成本低、毛利高。手机免费了，硅胶套赚钱，一根数据线赚钱，等等。这是一个新的角色。

（3）个性，越来越多的定制。

（4）价值人，用户越来越追求非物质化的满足，是心理化的满足。这个叫价值人的追求。

……

真正的营销是什么？分享。真正的品牌是什么？口碑！所以，正是由于新角色、新动机，可以将具有共同行为特征的人总结成一种行为模式，这种行为模式就能决定一种市场形态。

正是由于消费者这样的一种状态变化，会形成一个云市场，也就是云的定制。在云市场中形成交易，形成云的生活、云的物流、云的配送，这就是未来的云市场和数据。

也正是由于云市场的产生，这个市场将是一个数据化的市场，会产生数据化的货币。数据化的货币就是积分，但是积分的玩法要变，要将自积分改成他积分。

第六章 预测：未来的零售形态

★实体店不会消失的理由

　　随着网络的普及，"网上购物"已经成为一种趋势。越来越多的年轻人甚至中老年人爱上了网购，实体店已经慢慢地被他们抛弃，不论是珠光宝气的富人、时尚的企业白领，还是普通的工薪阶层，相信大部分人都有过网上购物的经历。

　　这些人中间也许有的仅仅是想体验一下网上购物的感觉，有的可能将此作为"知识人士"的标志，有的则可能将网上购物作为自己日常生活的重要组成部分而取代了传统上街购物的方式。因为"网上购物"最大的特点就体现在方便、快捷、实惠，更安逸舒适。

　　不过也有很多消费者却从不相信网购，甚至摒弃它，认为在网络上骗子横行，让人不敢触及，不如传统的购物方式安心，那么现代的网络购物与传统的消费方式到底都有哪些不同之处呢？

作为一名连锁店的老板，李梅从 10 年前开始开店，经过她的悉心经营，店铺数量增长到 7 家。但最近，这位资深零售老板娘的生意做得并不如意，李梅说："随着网上购物的普及，实体店的各种成本都在增加，日子越来越难过，虽然销售额从几十万元涨到了上百万元，可是赚到的钱没办法抵消物价上涨给我带来的压力。"

为了缓解这种压力，李梅从 2013 年开始减少连锁店的数量，从 7 家减少到了现在的 2 家。对此她也很无奈："消费者到店里面试穿，却在网上购物，就因为更便宜。难道实体店就要消亡了吗？"

对于这个问题，马云给出了意见。他说："实体店永远不会消灭，但电子商务会越来越大。"按照这个建议，李梅可以开家网店，网商卖东西不仅便宜，而且代表着今天和明天的消费趋势。

开网店是为了去了解网购为什么发展得这么快，关键要明白该做什么，不该做什么，也许开了网店以后，实体店也会开得更好。

实体店还是有自己的优势的，特别是服装行业，因为很多顾客还是比较喜欢在实体店买东西。面对变化和新趋势，我们要选择适应，首先要改变自己。其实从另一方面来说，网络不仅仅是服务于买家的，卖家也拥有更多的批发渠道选择，好好利用网络把原本的劣势化为优势。

互联网对实体店的影响毋庸置疑，但绝不会取代实体店。实体店绝对不会消失！现在，我们就通过网购与实体店的优缺点对比来说明这个问题！

1. 方便性与配送时间问题

优点：方便性，不受时间地点限制。

网络购物，是一种极其方便的购物方式。随着生活水平的提高，网络的迅速发展，网上购物已逐渐成为人们的一种消费方式。"网络购物"之所以深受时代青年的青睐，第一大特点应该就要数它的便捷性，不论你身处何时何地，都可以随时上网"逛商店"，选商品买商品，可以不受时间地点的约束。时下的青年男女，白天忙完纷繁的工作，下班时间有时会很晚，再去选择逛店买商品已很难，网络购物对这些年轻人来说就成了最快最方便，也最喜爱的购物方式。

缺点：配送时间不定。

虽然方便性让很多时尚年轻朋友爱上了网购，不过不能说网购就是完美的。在货物的配送速度问题上，网购就不如传统购物方便。当你在网上选购好商品，再下单，到收到真正的产品中间快则一两天，慢则有可能一个星期。而传统选购，当时就可以拿到满意的产品；而且当你拿到网购的商品后，如果遇到问题，解决起来也很容易。

2. 价格差距与质量问题

优点：网上购物要比传统购物还便宜。

网店比实体店价格要便宜，主要是由于网店不需要花钱租店面以及其他一系列的花费，并且开网店不要任何税收，这样就可以省下很多成本来与实体店拼价格。另一点，很多开网店的人都是一手商，拿货价要比很多实体店经营者还要低，所以在网上开店价位更低。

缺点：质量不好选择。

网店价格低廉是网店吸引消费者的另一法宝，不过不是每家价格标得很低的商家都能保证他们销售的产品质量上是没有问题的，里面会有以次充好的现象，甚至是假货。在选择的时候，消费者无法见到实物，上当受骗在所难免。这种事情在实体店一般就不会出现，大家选产品都会注意挑选，有问题当时就可以解决，如果发现假货可以立刻退换。

3. 产品信息与质量问题

优点：可以获得最大的信息量。

现在的网上商场越来越多，习惯网购的朋友们在选择产品的时候一般都不会只选一家，看上就购买，而是随意挑选，只要输入你想了解的商品，同样的商品不同的商家就会出现，可以任意挑选，现实中的货比三家，在网上就可以变成货比 N 家，而且不会浪费很多的时间。而更好的一点是，如果想选择一件现实中很难找到的商品，比如，几十年前的一本很老的小说，现实中你可能很难找到，但在网上要找到并不是一件难事。

缺点：不能当场试用。

网购的商品只能在网上看到它的图片，却不可能当时就见到实物，如果是选购衣服之类的产品，更不可能当时就试穿或试用，这对消费者来说就是一件很麻烦的事情，或许你看上的产品与实物的差距会很大。而这一点，在实体店就会令人放心很多。

4. 安全性问题

优点：不必怀揣巨款购物。

网上购物不必传统购物那样，怀揣巨款或拿着信用卡刷卡时候担心身边有人会窥伺你，而担心自己的安全问题，网上支付就不必担心这些问题，可以安心地支付而不用过多地考虑周围是否有坏人在等着抢劫你，因为别人根本不知道你在做什么。

缺点：网上支付也有风险。

不要以为网上支付是万能的，其安全性体现在不必担心周围人的窥伺，但却不能保证网上没有人窥伺你，网上盗号盗密码的也大有人在，而且更不好应付，除非你自己就是个电脑高手，修复了所有的漏洞补丁，做好了所有的安全措施，否则网络盗号高手要比现实的强盗更令你头疼。

5. 便捷性与售后问题

优点：网购更具便捷性。

网上购物之所以对宅男腐女而言是最大的诱惑，那就是足不出户就可以购买商品，从订货、买货到收货都不需要你离开家门，省时省力省事。在夏天或冬天，天气不好的日子里，利用网络购物对大多数人而言的确是很不错的选择，既不必忍受外面极冷或极热天气的摧残，也不必忍受去实体店选购产品的烦躁，在家等着送货上门的服务，是很惬意的。

缺点：售后很难保证。

在网上购物，消费者往往得不到发票，产品得不到保修服务，消费者要进行维权会很难。发票是消费者维权的基本凭证，没有发票也就无法受理和解决质量纠纷。现在全国已出现多起消费者因为在网店购买手机或家电由于没有发票而造成厂商不予负责售后问题的案件。

综上所述，网上购物突破了传统商务模式的障碍，无论对消费者、企业还是市场都有着巨大的吸引力和影响力。不过事情都有两面性，网购也同样是把双刃剑。选择网店还是实体店就看大家的喜好，真正地保护好自己利益才是消费者最关心的，实体店在这方面要做得更好，这也是实体店存在的理由，因此实体店是不会消失的！

★ 跨渠道的整合

在竞争日趋激烈的市场环境下，端到端的顾客体验已经成为零售商的新战场。虽然新兴技术是多渠道革命的一个主要引擎，但呼唤新购物方式的顾客才是多渠道革命的最根本动力。因此，一个有效的多渠道策略对于那些想变得更加"以顾客为中心"的零售商来说就显得不可或缺了。

对于零售商来说，消费者是不会把它的门店、网站和目录销售当作三个单独的业务的，而是当作一个始终如一为他们提供并且协调统一服务的单一品牌和企业，并不需要关注各个渠道之间的内部互动。对于多品牌零售商来说，也是如此！

多渠道的成功是促进零售企业利润增长的关键驱动力。真正的多渠道零售需要一个全新的运营模式，这个模式能够帮助提升用户忠诚度、促使收入增加、降低运营费用。

渠道指零售商进入市场、销售，并服务消费者的组织部门，例如：门店、电子商务业务部门或者直邮/目录销售部门，多渠道会给零售商提供一个自我革新的机会。随着消费者购物模式的改变，零售商有机会更新他们最基础的运营模式——克服每一个渠道的缺点并且更好地扬其所长。

多渠道零售真正的好处不是简单的"整合"，而是跨渠道优化，这是当今大多数零售企业所不具有，或者刚刚开始培育的能力。

多渠道战略在长期发展的过程中不能局限于关注每一个渠道的业绩，或者在跨渠道之间做基础顾客服务的简单延伸。这些战略需要明确相容性、整合、优化等目标。

整合主要是关注于跨渠道顾客的购物流程，这也是现在很多零售商关注的领域。例如，消费者想在网上购物，但要在实体店铺提货，要想实现类似的跨渠道流程，零售商活动应进行同步和整合，但并不一定意味着要改变这些活动发生的渠道。

跨渠道优化是一个复杂的过程，是无法自动实现的，只有利用系统的方法来发展，才能从中受益。在实践中，可以采用贯穿多个阶段的系列组合活动来推动发展，通过前进、学习、反思、再前进，才能取得进步。

阶段0：创建渠道

在多渠道战略上，大多数零售商的出发点仅仅是简单的在一个新渠道上的"启动和运行"。不管是网上、目录上，还是一个新店铺业态，几乎都不会想到差异化战略和跨渠道优化等问题。可喜的是，业内的多数企业已经度过这个艰难的阶段，开始关注怎样在整个企业层面考虑发展新渠道的问题。

阶段 1：基本面协调

在这个阶段，零售商主要解决两个关键问题：

（1）我们服务目标顾客的战略是什么？

（2）这一战略如何在各个渠道内以及跨渠道层面上执行？

从本质上讲，这一阶段要打造和规划出支撑活动系统。其核心在于，这一活动系统与零售商整体战略的一致程度和相容性。

不过，虽然品牌和价值诉求的基本方面需要一致，但绝对的一致性并不是最终的目标。例如，虽然各渠道之间核心品类应该是相同的，但在某个渠道中，那些有特定作用和效果的延伸品类可能存在差异。

为了实现相容性，所有渠道部门都要理解、赞同和执行企业的基本价值杠杆。如果缺乏相容性，就很有可能影响业绩，而在这种情况下，追求跨渠道借力和优化等更高级的目标是很难的。

需要注意的是，作为一个现实问题，基本面协调并不是静态的一次性努力的结果。为了满足不断变化的消费者需求或者跟随竞争的动向，价值杠杆会发生变化，支撑活动系统将不得不重新调整。此外，当新渠道和新的消费者接触点出现后，这些新渠道和接触点将被现有价值杠杆和支撑活动系统同化。

阶段 2：熟练度实现

在这个阶段，零售商专注于在新渠道下实现运营的熟练并形成规模。为了真正利用企业的现有资产和能力来支持跨渠道优化，就要保证熟练度和最低限度的运营规模。此外，对于新渠道来说，为了在企业内部增加足够的信誉度，获得管理层更多的关注和资源，一定的规模也是至关重要的。

在多渠道零售背景下，想做到运营熟练，关键要做到两方面：

（1）零售商的目标是通过实现规模经济来减少在新渠道开展活动的成本。这就是常见的学习曲线：相对成本越低，与其他渠道的差异就越大，因而跨渠道优化的潜在好处也就越大。

（2）零售商既在各个渠道内，也在渠道之间响应顾客不断出现的购物模式和信息需求。跨渠道购物流程的例子包括网上购物店面取货，或者网上购物店面退换货。这些购物流程不断要求不同渠道部门在满足顾客需求方面彼此进行协调。

阶段3：跨渠道借力

在这个阶段，零售商会积极将一个渠道内的资产和能力在另一个渠道发挥作用。例如，将目录业务的内容和图像重新制作并用在公司网站和实体店的自助服务机等其他渠道和接触点上。事实证明，跨渠道地利用这些资产可以帮助消除各个渠道的冗余活动。

所谓借力，就是使用一个渠道的优势来补偿另外一个渠道的劣势。每个渠道都有自己解决不了的难题，但可以利用另一个渠道的独特功能来解决。正如下面几个例子：

实体店渠道需要一个店、一个店地运营实体店面，分配库存和管理流水，而目录或互联网渠道通常只有一个集中配货中心在管理库存。自助服务机可以让顾客在实体店查询集中库存，帮助弥补实体店的缺点，还可以使得零售商挽回因为缺货造成的丢单。

实体店零售面临的另一个挑战是：一般来说，随着时间和规模的变化，实体店很难与顾客一直保持个性化的互动。过去实体店零售商要依靠销售人员认识各个顾客并维持长期关系，但由于缺乏人力，这种方法难以为继。于是，零售商主要依赖大众媒体广告来吸引顾客到店。而有效地利用电子媒介（如电子邮件或短信）进行营销传播是帮助零售商发展"大规模个性化"能力非常重要的一步。

互联网渠道的明显弱点在于分散的配送。为了应对这一挑战，一些零售商已经尝试了各种模式来利用实体店的资源，例如，提供网上订购商品配送到离顾客最近的店面，由顾客到店取货并免除配送费；使用现有超市的储藏室来挑选和包装在线订单。

起初，网络渠道也缺乏"人性化"的顾客购物体验，偏爱于与销售人员及时和舒畅沟通的顾客是不到网络来购物的。但是，通过即时聊天和IP语音等新技术的发展，零售商将目录业务建立的呼叫中心能力运用在了网络渠道，促进了顾客满意度和销售量的提高。

阶段4：优化运营模式

优化的基础是渠道之间能够借力，基本逻辑很简单：如果一个渠道的能力或资产可以系统性地开放给其他渠道，企业整体用于相似或多余活动的资源或预算就可以进行适当的调整。

可是，对于许多企业来说，达到可以在企业层面优化投资和活动决策的阶段是非常困难和耗费时间的。任何一家以实体店为基础的领导者都知道，创造实体店销售额"新高"是驱动管理措施和决策的最主要目标。很少有高管仅仅因为相信目录或者其他直销手段能够带来客流和销售，就愿意放弃对广告预算这样关键资源的控制。

要想实现对运营模式的优化，不仅需要一个优化的组织结构，还需要适当的激励制度。零售商要重新评估自己的激励制度，使责任主管兑现跨渠道的承诺。这份工作虽然比较难，但只要进行了这种转变，零售商必然会得到可观的回报。

除此之外，缺乏足够的需求和达不到规模经济也是跨渠道优化的障碍。例如，办公用品零售商可能会发现，反复购买打印机及相关耗材的买家大多数在晚上进行货品研究，并不需要从商店获取太多的帮助。可是，在零售商可以减少他们的打印类商品的人员编制之前，"自助服务"的顾客必须达到足够数量，否则整体顾客满意度和销售额就会下降。在短期内，为了满足顾客的需求，零售商可能需要并运行冗余的活动系统。这样，就更加肯定了在新生的渠道内积极开展活动实现快速增长的重要性。

实现足够需求需要创造性思维，包括设计出购物者激励制度。在这方面，可以从旅游业借鉴许多经验：航空公司和酒店提供奖惩措施，让顾客积极使用新的渠道和接触点，使顾客从高成本渠道向低成本的渠道迁移。

可是，跨渠道优化把重点仅仅放在实现销量、盈利或消费者满意度上是不够的。活动迁移意味着这个活动在原有渠道内的减少，必然会损失掉之前实现的规模经济。这种损失可能是由任何原因引起的，如固定成本的不可分割、购买力的损失等。因此，在进行优化之前，必须先对那些基于单个渠道的活动的隐藏成本结构进行评估。

★ 数字化——大趋势

随着每年上百万人口加入到中产阶级，我国已经成为全世界发展最快的消费市场，同时也是世界上消费人口使用移动终端最集中的市场。截至 2013 年 6 月底，我国的在线人口已经急剧增长到 5.91 亿人，预计到 2015 年会继续增长到 8 亿人。所有这些数字和趋势都表明，零售业的未来取决于商家如何在全渠道市场开展电子商务和数字化服务。

我国电子商务的迅速发展，得益于第三方数字交易市场提供了便捷的购买流程，例如：淘宝、天猫、京东。电商巨头阿里巴巴旗下淘宝和天猫的成功可以部分归因于其线上支付平台——支付宝，免去输入信用卡信息的繁琐流程，提供无缝便捷的购物体验。另外一个成功的原因来自阿里旺旺——一种即时聊天工具，实现了在线商家和购物者的直接交流，构建了一个可靠的互信平台，使买卖双方建立可信赖的交易关系。

电子商务的飞速发展已经让实体零售商们倍感挑战，可是零售商和消费品品牌商们还并不能很好地应对这种购物行为的改变。如今，很多零售商正在为建立一个电子商务模式的基础能力而努力。他们面对很多挑战，包括：创建网络/移动渠道、库存管理、仓储和配送、虚拟客户服务。可是，如果认为数字零售业仅仅和电子商务有关，那就大错特错了。

实际上，数字化是实体门店显著提升生产率（客流量、购物量和重复消费）的一个有效途径。面对越来越高的房租成本，通过数字化提高收益成为零售商迈向成功的关键所在。

我国拥有全球最大的手机用户群，其中很大一部分正在逐渐向精通电子科技的中产阶级转变，一个成熟的移动生态系统的轮廓正在逐渐清晰并在不断扩容中，各种创新在竞争日趋白热化的零售市场不断涌现。

目前，零售业正处于全面的转型期。消费者的构成变得越来越复杂，需求也变得更为多样化，他们对自己的货币换来的产品比以往有了更高的期望。同时，随着智能手机在我国这一世界上最大的在线购物群体中的广泛普及，移动设备和互联网在消费者体验过程中的重要性也日渐显现，它们在店铺流量、顾客忠诚度以及品牌建设上扮演了不可或缺的角色。

不论是国际零售巨头，还是本土零售品牌，要想顶住日渐微薄的利润带来的压力，在这片红海中立于不败之地，就必须思考如何拥抱这些新技术，为顾客们带来更好的消费体验。

我认为，如下的5个数字化创新，将会成为零售商们未来的关键机遇。

电子商务的崛起

随着经济快速增长，拥有较强购买力的消费者不断涌现，定位于这个市场群体的国际品牌也在不断涌入，为他们提供了更多的选择。而我国消费者则似乎与这个世界渐行渐远，这反而为电子商务平台提供了契机。

调查显示，我国在线零售市场将在接下来的几年中继续保持高速增长，到 2015 年，全年总在线零售交易额预计将达到 2.703 万亿元人民币（4350 亿美元），比美国高 21%。这一增长速度，很大程度上归功于我国的 B2C 电子商务平台，如阿里巴巴的天猫、京东商城、苏宁易购等。

天猫是这个领域里的头号明星，它拥有超过 45% 的市场份额，多达 5 万家公司和 20 万个品牌在其平台入驻，从豪华轿车到婴儿食品，你能想到的所有商品在上面基本都能找到。

通过让消费者直接访问一个经过授权与认证的官方品牌网上商铺，消费者对在线购物的天然顾虑心理被冲散，天猫也在这个过程中不断赢得消费者的信心。

可是，虽然天猫的服务理念已深入人心，据麦肯锡的报告显示，我国约 24% 的消费者仍然倾向于在网络购物前先在实体店里了解、试用心仪商品。这对零售品牌们意味着一个非常关键的机会：通过为消费者提供与实体店中相似的反馈、建议与沟通服务，在线上与线下建立同等的品牌形象，将实体店的真实、周到的购物体验无缝转移到线上网络店铺中。

同时，通过应用程序和在线服务的创建，将商店的消费体验连接到更广泛的在线社区，让消费者对品牌的信任度更大化。

日本的服装零售商优衣库就是将在线离线模式融合得非常成功的典范。

优衣库不仅在淘宝商城开了自己的网店，还利用人人网和新浪微博这样的社会媒体渠道，通过在线游戏等模式，让它的核心客户群进一步增强了对优衣库的品牌认知与好感。同时，优衣库还通过腾讯的移动信息应用微信向消费者推送促销活动信息，增加了店铺的流量和销售额。

移动互联网技术

我国有超过 3.3 亿的智能手机用户，多达 10 亿的手机用户，这意味着谁控制了手机，谁就把握住了未来。互联网巨头腾讯公司就是这种观点的拥护者，它旗下的移动信息应用——微信的迅速推出、高速更新、快速流行已成为业内范例。

同时，它的 PPTV 视频流媒体服务也已发布了手机和平板电脑版本的应用，每天都有不计其数的用户通过这两种终端观看自己喜欢的视频节目。手机制造商小米收集了基于众包体制的用户反馈，不断更新其深度定制的 Android 操作系统 MIUI，也已大获成功。

腾讯将二维码作为微信的一个标准功能推出，在 3 亿微信用户基数的支持下，数以百万计的消费者通过微信的二维码功能进行了在线消费。2013 年 10 月，1 号店宣布计划开设 1000 家基于二维码技术的虚拟超市。消费者将不需要到实体店去排长队挑选、结账，就能够访问及购买多达 1000 种商品。

我国的智能手机用户已经习惯于在自己的移动设备上挑选、购买商品。根据 2011 年度我国互联网络信息中心公布的信息显示，我国 31% 的消费者使用智能手机浏览在线产品，其中的 12% 会通过手机端进行购买。为了保持广泛而长久的竞争力，零售商必须提供适用于各种情景的购物体验，以应对用户和技术的快速增长与变化。

社会化电商

随着微博与即时消息使用者数量的巨大增长，我国的本土消费者的声音是一个品牌的最有力的代言人。与西方不同，我国的消费者大多对正规机构和权威持怀疑态度，他们在进行购买决策时，更倾向于倾听在社会网络中的其他消费者的意见。

在过去的几年中，已经有不少手机和互联网服务出现，让消费者通过展示自己青睐的品牌产品，进行自我展示与表达。

时装零售商"蘑菇街"通过让年轻女性上传与分享她们心仪的服饰与首饰的图片，满足她们成为时尚"达人"的梦想。

"果库"，有点类似于汇聚了设计时尚和移动商务的时装零售商 Net－a－Porter 的中文版，它为用户提供了可以浏览点击的淘宝产品目录，并允许用户在新浪微博和微信分享他们喜欢的产品信息。

最成功的品牌不仅主动融入它们的客户群体，同时也为他们提供一个表达自我心声的窗口，间接促进品牌的产品销售。

零售的附加价值

在我国的一、二线城市，拥有较高购买力的消费者正不断涌现，他们对零售体验有着更高的要求。中产阶级消费者把购物作为一种娱乐形式和与家人共度时光的方法。苹果零售店的空前成功证明，不仅是产品需求本身在不断增加，对溢价体验的渴求也在不断增长。

其实，我国国内手机厂商如魅族和联想已经在试图向苹果学习，开设进行产品演示与理念宣扬的体验式商店。一个更为典型的范例是"旋陶瓷"（Spin Ceramics）。

陶瓷是我国的设计品牌，它的专卖店为顾客带来艺术馆一般的购物体验，可以让顾客触摸，更真实地了解产品信息。

当中产阶级还在要求更好的零售体验时，越来越多的所谓的"暴发户"已经在寻求独一无二。这些精英们希望通过这种方式，将自己与其他人区分开来。他们要获得更优质的产品和服务，以匹配他们的社会地位。奢侈品牌与他们不谋而合！这些品牌的魅力正来自于消费者对品牌丰富的文化遗产所产生的联想与认同感。

在奢侈品零售商艾尔弗雷德·登喜路的上海沙龙里，消费者不但能够直观了解品牌历史，获得定制的购物咨询服务，同时还有一个私人餐厅可供享用。

要想为新兴的中产阶层和富裕的消费者提供更高端的零售体验，零售商们可以通过整合和重新编排声音、手势以及其他互动媒介，营造出与众不同和有趣的购物环境，提升自己的品牌吸引力。

北上广之外的世界

我国一线城市中崛起的中产阶级和上层社会是很有前途的新兴市场，但不要低估在其他地域的发展空间。目前，我国有 160 个城市的人口超过 100 万，而这些低线城市的零售市场在很大程度上仍然是欠发达的，在这里开办实体零售店铺更多地需要对当地情况有很深入的理解。正因为如此，一些零售商才选择使用他们的数字手段进行扩张。

2011 年 12 月在美国时装零售商 Forever 21 进入我国时，该公司首先推出了自己在淘宝商城的在线店铺。通过折扣、免费送货等积极的促销活动，Forever 21 将在线销售平台转变为营销工具，在全国的消费者群体中迅速建立起品牌意识。

在取得显著的宣传效果后，Forever 21 终于在 2012 年开设了位于北京和上海的实体店铺。

我国大多数消费者，尤其是在三、四线城市的消费者，仍然是对价格高度敏感的人群。不论是在实体商店或在线平台，人们都喜欢讨价还价。这就是为什么消费者愿意在折扣网和团购网进行大量的比较和筛选，以期找到一个完美的方案。

聚美优品就是这样一个专注于美容产品的团购网站和移动购物平台。当青蛙的设计研究小组在洛阳进行调研时，有些实体超市提供月饼团购服务，让消费者与他们的朋友、家人甚至陌生人组团，以一个较低的价格共同购买月饼。据我国互联网信息中心的报告显示，在 2012 年，超过 8300 万人使用过团购网站的服务。

价廉物美是零售业永恒的真谛。为了帮助尚未进行过在线购物的消费者，在一些低线城市，导购们通常都会教授消费者如何登录和使用在线 B2C 平台购买产品。

★O2O：下一个10年的零售

作为银泰主业之一的商业零售业务，以银泰商业（集团）有限公司（以下简称"银泰商业"）为代表，包括百货、购物中心、银泰网等业态。

2013 年 3 月 20 日，银泰百货高调宣布，将正式更名为"银泰商业集团"，改名完成后将分为百货业、购物中心、电子商务三个主要事业部，其中主营业务将向商业地产倾斜。

2013 年 5 月，银泰百货参与阿里巴巴集团的"菜鸟网络"建设，工商资料显示，作为菜鸟网络的第二大股东，北京国俊投资有限公司（下称"国俊投资"）投入 32 亿元，占注册资本的 32%，仅次于第一大股东天猫所持的43% 股权。而国俊投资正是"银泰系"掌门人沈国军 100% 控股的主要资本运作平台。

另外，最新有消息指出，银泰百货将与阿里巴巴联合，就即将到来的"双十一"召开发布会，宣布零售百货业的最新 O2O 玩法。

具体来说，接近方案设计的人士表示，顾客在完成购物意向后，可将商品条形码扫描进天猫商城的购物车，15 天内货品即会寄送至顾客指定地点，而部分商品的价格仅是店家挂牌价格的五折。

在具体操作上，银泰长期以来都在尝试将银泰百货门店和银泰网进行融合，将在今年年底之前在所有门店完成 WiFi 的铺设，能够自动识别移动终端，然后给来店的顾客推送促销信息及优惠券。

O2O 即 Online to Offline，是将线下商务的机会与互联网结合在一起，让互联网成为线下交易的前台。其核心是把线上的消费者带到现实的商店中去，让用户在线支付购买线下的商品和服务后，到线下去享受服务。

资料显示，国内外的电商已经对 O2O 进行了尝试。

线下到线上模式：

（1）沃尔玛的电商全美销售额仅次于亚马逊，沃尔玛从 2007 年开始提供 Site to Store 服务，允许消费者线下取货。移动应用出现后，鼓励消费者在店内使用 App，可以扫描商品条码、获得促销信息。

（2）GAP 推出 Reserve in Store 的购物模式，消费者网上选购之后可以选择预留到当地门店，试穿之后再进行购买。

（3）通过 Whole Food 的手机应用，顾客可以选择食谱并生成购物清单，搜索最近的超市进行购物。

（4）Best Buy 提供最普遍的线上下单实体店提货的服务，为其带来了良好的销量增长。

线上到线下模式：

（1）日本家电卖场 YODOBASHI 彻底将门店转变为线下展示，在商品旁增设条形码，顾客通过手机应用扫描后可获得所需的各种信息，并在网上购买。

（2）澳大利亚的连锁超市 Woolworths 尝试在人流密集的地方做虚拟超市，将商品印刷在展示板上，消费者通过扫描条码就可以在线购买。

国内零售企业的O2O尝试：

（1）苏宁云商通过线上线下同价战略迈出了全渠道融合的重要一步，目前消费者可以选择门店，未来实体店将全部实现虚拟出样，在线下也能购买和网上同样多的商品。

（2）天虹商场和微信达成战略合作，线下门店采用为新开店的方式进行线上销售，用户也可以持微信当作会员卡在线下享受各种优惠活动。

（3）海宁皮城作为专业市场，近日推出了"全网营销、线上线下联动（O2O）的一站式电子商务交易管理平台"——海皮城。

（4）南京中商2014年8月推出了"云中央"购物平台，完成电商布局，并希望借此实现线上线下的协同效应。

（5）银泰长期以来都在尝试将银泰百货门店和银泰网进行融合，将在2014年年底之前在所有门店完成WiFi的铺设，能够自动识别移动终端，然后给来店的顾客推送促销信息及优惠券。

……

和纯电子商务这种过渡性的商业模式比较起来，O2O或许会是未来相当长时间里零售业转型变革的方向。布局决定格局、格局决定结局，O2O消费潮的兴起，说明相比传统实体零售和传统电商，唯有O2O才能让消费者体验到"鱼与熊掌兼得"的好处，这是不可阻挡的消费趋势，是需要把握的时代机遇。

一旦传统零售业插上了互联网的翅膀，曾经被认为是巨大包袱的线下资源转瞬之间就能点石成金，天平将重新向拥有线上线下全渠道的零售商倾斜。结合行业环境来看，"十二五"以来，国家大力推进虚拟化、大数据、云计算等新技术的转型变革，其跨越式的发展速度为O2O模式提供了无限的可能。

O2O在零售百货业的应用，简单说来，消费者在其门店里看中的商品，可以扫描二维码进入网店购买，也可以预约或预付后至实体店体验，依据满意度进行支付或退款；商户可向客户推送促销信息，提供个性化服务等。随着微信和阿里 O2O 模式的不断深入，线上线下的融合有可能成为未来购物的趋势。

★ 信息技术因素

零售业信息化的发展是我国零售行业快速发展的必然结果，随着新型业态的不断涌现，对连锁零售业信息化管理水平提出了更高的要求，如何采用 IT 技术对连锁零售企业的管理进行信息化，进而推动商业模式、供应链管理、业务拓展方式的变革，已经提到了整个行业发展的战略层面。由此可以预见，零售行业对供应链管理、电子商务以及商业智能解决方案的需求，在未来几年将保持高速的增长。

从 20 世纪 80 年代中期开始，POS 机、条形码技术、色码技术、财务管理软件、系统集成产品广泛进入零售业应用；20 世纪 90 年代中后期，以光纤通信、局域网、互联网为载体的现代通信技术、网络技术、数据管理技术在零售行业中得到迅速的推广。迄今，我国共有各业种、业态连锁零售企业 2300 多家，业种、业态超过 40 个，连锁店铺 38000 多间，全年销售额过 3000 亿元，占全国社会消费品零售总额的 8% 左右。

信息化的发展给连锁零售业带来的绩效是巨大的，反映在增加商品销售规模每年达 20% 以上，也就是 600 亿元以上。减少采购、配送、通信、理货的人工直接费用达 40%，提高管理绩效、减少库存积压、提高商品资金周转率节约的间接费用达 50%。

按这个发展水平计算，信息化对连锁零售企业的直接收益贡献率达到 40% 以上，企业因采用信息技术而节约成本、增加销售而产生的直接利润就是每年 30 亿元以上。相应地节约了社会流通和居民生活的费用支出，对工业、农业生产领域的间接贡献更是巨大的。以目前我国大型连锁零售企业销售额每年递增 30%，即 90 亿元计算，其发展前景和巨大效益不可限量。

无论是数据大集中，还是客户关系管理，不仅是应用的深入，更重要的是它们使零售业的信息化由量变走向了质变。

零售业是最早走向市场的行业之一，20 多年来，零售行业已经将国际上存在的所有业态都引入了我国。像大型综合超市、仓储式商场和便利店都是近年来发展较快的新业态，也是国外零售企业所带来的。

20 多年来，零售业信息化一直在行进和深化中，其应用范围不弱于任何一个行业。从 20 世纪 90 年代初，零售业就引入了 POS 系统扔下了算盘，而当时不少行业仍处于手工状态。

与其他行业相比，零售业对信息化的依赖性更强，稍有规模的企业，信息系统已经是不可或缺的经营工具，一旦系统出现故障即无法正常营业，一时一刻都离不开系统的支撑，业务的处理、财务以及各种信息的管理都无法再回到手工处理状态。如门店的 POS 系统、库存管理以及财务管理三个领域的应用已经几乎普及，而且不同企业的差异并不明显，差异则存在于实施 ERP 之后的精细管理。

零售业信息化的核心就是将各个细节管理起来，有了信息化就可以将细节做得更好、更透明，填补了运营过程中的漏洞。由于不同的企业对细节的掌握和理解不同，即使同样都实施了 ERP 系统，不同的企业在效率的提升以及服务上还是存在明显的差异。

"我们实施 ERP 系统好几年了，但在细节的布置以及软实力的提升上和国外企业还是有明显差距。"一家零售企业的 CEO 说。当然，国内企业在软实力上并不是做不好，而是愿意不愿意做，愿意投入多少资金和人力来做。其实，很多零售企业都认为，现在加强单店的软实力倒不如开新店来得利润高，最好还是将更多的精力放在粗放的扩张上。

可是，随着沃尔玛、家乐福等国外企业在信息化上更高层次的应用，国内的零售企业也在逐渐深化应用。零售企业有海量的数据，他们采集这些数据的目的就是要利用这些信息分析客户的需求，促进销售。我们相信，随着零售业竞争的加剧，零售业的信息化建设也会迈上一个新的台阶！

★ 顾客的消费观演变

消费观是人们对消费水平、消费方式等问题的总的态度和总的看法。现在，我们先从衣、食、住、行、娱五方面看变化。

衣

服饰观念：新三年，旧三年，缝缝补补又三年。一件衣服老大穿了，老二穿，老三再穿；手工自制，款式单一，色彩主要以黑灰蓝为主，只有结婚的时候才能穿红衣服，过年才能做新衣服。

20世纪70年代流行"的确良"，80年代成立了一支时装模特队，海魂衫、蝙蝠衫开始盛行，流行请人做衣服，这形成了一种职业——裁缝，缝纫机也成家庭四大件之一。

20世纪90年代中期以后，服饰追求个性，讲究时髦，款式、色彩千奇百怪，一季多衣，不再要"新衣"，后来，讲究品牌、面料、款式，行业内出现了设计师。

流行词：撞衫。

食

有的吃到吃得饱到吃得好到吃得健康、吃得环保。凭票时代，以粗粮为主，搭配青菜、豆腐、萝卜、大白菜，偶尔包顿饺子吃点肉；改革开放以后，以细粮为主，鸡鱼肉蛋不再稀罕，反季节瓜果蔬菜开始出现，肯德基、麦当劳开始有了店面，再后来吃都有问题了，选择的多了，问题多了，吃开始谨慎了，绿色食品、有机食品出现了，健康、环保的理念深入人心了。什么有营养，什么能防衰老，咱就吃啥。

流行词：无公害。

住

四世同堂到独立购房。

三十年前住破房，十来平方米两张床。土墙、草房是正常现象，农村开始自建砖墙瓦顶房，城市住筒子楼，公共厕所，等着单位换房。现在是独立购房，以前娶媳妇有张床就能好，现在是丈母娘经济，没房咋能结婚！

室内装饰也毫不马虎，讲究设计、风格；要求舒适、健康、环保。人人都要有个自己的窝。

流行词：蚁族、裸婚。

行

人背马拉驴驮的历史不再了，公路、铁路、水路全线贯通了。

原来甩两条腿现在都可以飞天了，原来的四大件之一的自行车现在都成孩子的玩具车了，原来坐车基本很难，现在出门都 TAXI 了。

流行词：高铁、动车。

娱

集体单一性向个性独立发展。老辈的记忆，是广场放电影，在家听广播，收音机听相声、评书，城市人看黑白电视。

后来，有了流行音乐，崔健横空出世，摇滚红极一时，刮起流行音乐的西北风，港台音乐人来了，卡拉 OK 流行了，录像厅出现了，到现在是 KTV、酒吧、数字电视电影、卫星频道、网络普及了，听音乐不用买卡带或是 CD 了，看电影也不用排队去买票了，购物也不用去商超了，百货大楼都不见了，付钱也可以不用现金了。

流行词：高清、夜生活。

概括起来，顾客的消费观念经过了这样一些演变：

第 一 阶 段

1978～1980 年，奉行的是节俭型消费观，一是票证时代的限制；二是传统性消费观的延续。

第 二 阶 段

20 世纪 80 年代后期到 90 年代中期消费观出现了转变，改革开放深化、市场经济发展，从众消费出现，消费层次、消费观出现了分化（贫富分化），再到消费的现代化趋向进入了消费误区，赤字消费。

1. 从众消费的出现

对社会主流文化的吸取趋于减弱，其表现是人们开始接触到"消费者"、"自我"这些新概念，但对这些新概念的理解却是十分稚嫩的。他们面对快速的社会变化和琳琅满目的商品，一方面感到新鲜刺激，深深被时代的步伐所吸引；另一方面却有种种的不适应和不确定，个性对他们还是比较拘谨的陌生词，但又想追逐时尚潮流，所以"从众消费观"应运而生。这种现象在80 年代后期尤为突出，其中 1988 年的"抢购风"就是最好的体现。

2. 消费层次与消费观的分化

消费是经济水平的切实体现，消费观念的变化由于当地的经济发展水平和本人的经济收入不同而表现出差异。经济比较发达地区和个人收入比较高的，多向往和追求"四讲"——"吃讲营养，穿讲式样，玩讲多样，用讲高档"的生活方式；经济还不发达地区或个人无收入和收入低的青年，多对

"四讲"的生活方式表示担忧和反感。

3. 追求"四讲"的消费观念

调查数据显示，20 世纪 90 年代初期，传统的"粗茶淡饭，节衣缩食"节俭型消费观念日渐淡化，追求"四讲"的消费观念和消费方式，逐渐内移，走向普遍化。这种日益走向普遍化的变化，反映了生活水平不断提高的趋势，符合现代化进程。

4. 时尚崇拜与消费误区

具体体现在超前型、炫耀型、崇洋型和攀比型消费，以及脱离个人实际收入水平的高消费和赤字消费；在非物质消费层面，高雅的精神消费却严重滞后，书籍、报刊消费一度萎缩，享乐主义逐渐抬头。

第三阶段

20 世纪 90 年代后期到现在，走向理性的适度消费观。总的要求是奉行健康、绿色环保的消费，防止环境污染，要可持续发展。

要有品位与非物质消费，如观光旅游、观看电影、演唱会、体育健身等；实行理性化理财，从对现金的迷恋到持卡一族，只选对的，不买贵的。

现用现买，不急不买。货比三家，网购等兴起，理财、消费都开始了理性化。

消费的维权意识增强，法制观念深入人心，维权协会、打假、举报、投诉等频频出现。

未来趋势

"乐活族"又称乐活生活，是一个西方传来的新兴生活形态族群，由音译 LOHAS 而来，LOHAS 是英语 Lifestyles of Health and Sustainability 的缩写，意为以健康及自给自足的形态过生活，强调"健康、可持续的生活方式"。

"健康、快乐，环保、可持续"是乐活的核心理念。青年对"乐活"的十二项主张：完善自我、阳光生活、自由创造、强健身体、绿色饮食、简约消费、快乐平和、善待他人、亲近自然、保护环境、热心公益、主动分享。

◇价值

崇尚义利合一、天人合一与身心灵均衡发展的价值观，树立离苦得乐、与自然和他人共乐的人生观，主动放弃违背道德、健康、环保与可持续的"不乐活"的思想与理念，树立人与自然、人与社会、传统与现代、国内与国际都能和谐共生的科学发展观。

定位：既不盲目崇洋，也不刻意复古，走在经典与时尚之间，走在东方与西方之间。

◇风格

减少自身的欲望，放慢生活的节奏，平缓自己的呼吸，减少浮躁的行动，逐渐体验慢生活、简单生活、宁静生活与悠闲生活的价值与趣味。

◇饮食

认同"青菜豆腐保平安"的饮食理念，崇尚素食与有机食品，支持有机农业与有机农场；喜欢自家的饭菜与在家吃饭，少吃经过工业加工的食品。

◇服装

穿衣以洁净为主；优先选择纯棉、全麻等天然面料的服装；优先选择有机材料制成的服装；珍惜与利用旧衣服。

◇家居

优先选择节能减排的环保建筑或绿色建筑，采用简洁、环保与安全设计方案与装材料修，优先选择天然与有机面料的家纺用品。

减少像赌博、吸烟、酗酒与玩游戏机等对人身心有害的休闲娱乐活动，增加喂养宠物、养花种草、琴棋书画、散步健身、武术体育与手工制作

（DIY）等有利于身心的休闲娱乐活动。

设置书房，增加家庭藏书，培养家庭成员的学习习惯，把自己的家庭建设成知书达礼的书香门第。

◇交通

多走路，少坐车；多坐公交车，少开车。

◇购物

乐活族拥有改变世界的伟大力量，只要有利于健康与环保，就愿意购买没有品牌、哪怕贵一点的乐活产品。否则，只要有损于健康、不利于生态环境，即使价廉物美的名牌产品，也拒绝购买。

◇产业

以新能源与节能减排产品为代表的可持续产业，以天然与有机产品为代表的健康生活产业。

以生态环保型家用品与办公用品、环保家电、生态环保旅游等为代表的生态生活产业。

以中医中药为代表的新型医疗产业，以教育培训、瑜伽、灵性产品等满足人身心灵需要的个人发展产业。

第七章　零售的机会去哪儿了

丁老师经典语录：

　　2014 年实体店铺唯一的反击机会！打败我们的不是"电商"，是我们内心的恐惧！

★再造零售流程

　　2004 年 2 月，我国社会消费品零售总额达到 4311.4 亿元，比 2003 年同期增长 9.2%，全年增长率将维持在 8.9% ~ 9.5%，增速明显高于 2003 年，估计到 2010 年，零售业规模将达到 57000 亿元，有着巨大的发展潜力和成长空间。处于完全竞争市场下的零售业，必须创新，积极再造零售流程，才能盈利、取得竞争优势，适应商业环境。如何做到这一点呢？

　　1. 以顾客为中心

　　为了提升零售商的经营理念、服务意识，增强竞争优势，针对零售业的上述特点，有必要实施"完善顾客服务、培育核心竞争力"的业务流程再造。这可以从以下几个原则考虑：

第一，围绕顾客需求进行

了解不同细分市场的顾客偏好，如消费者的生活习惯、购买行为、商品服务方式与服务渠道的偏好，对顾客需求深度理解和全面把握，从而构建顾客喜欢的服务体系和服务环境，提供吻合顾客需求的个性化商品与服务，创造最佳的全面顾客体验，使顾客情愿消费，提升忠诚度。

顾客的眼光越发挑剔，会在不同的零售企业之间比较，越来越注重商品获得的便利性、购买的休闲性、商家的服务态度。因此，零售商要加强服务功能，真正做到"顾客至上"，如大客户服务、环境舒适、导购热情、存包方便、商品摆放有序等。

面向市场，以顾客为导向的流程意味着商家必须真正以顾客为业务流程的起点与归宿，围绕顾客体验、顾客利益、顾客满意度而组织。

第二，业务流程体系体现整体服务思路

在流程再造中，要借助"流程穿越"的工作方式，促使企业的高层、项目成员切身感受到顾客服务是整个企业的责任，整合整个企业的资源，以流程突破部门界限，全体员工共同努力改进顾客服务，顾客满意是整个企业的共同目标。

第三，关注顾客需求和内部运营效率

仅有好的流程，没有好的顾客服务意识，如彬彬有礼、和蔼可亲、不厌其烦等；或仅有好的顾客服务意识，缺乏高效的流程，都无法令顾客满意。最佳的状态是结合高效的流程和一流的顾客服务意识，这样才能提供令顾客满意的优质商品和高质量服务。

第四，与流程控制目标匹配的绩效度量体系

仅仅规划了以顾客需求为导向的业务流程再造是不够的，还需要改变零售企业内部的游戏规则，最为重要的是企业的目标管理体系、组织形式、激励机制、考核机制，要与以顾客需求为导向的业务流程体系相匹配，支持再

造后的流程得到切实执行，只有这样才能有效改变零售商多年来形成的一些不良传统与经营惯性，适应新的竞争环境。

2. 引导顾客参与

邀请一些顾客，如大客户、忠实顾客，参与流程再造，体验再造前后的服务流程，与顾客实现真正的互动，只有这样才能使业务流程围绕顾客需求而组织。

另外，成功的业务流程再造还需要两个先决条件：一是高层管理者的投入，必须以实际行动来衡量，这需要管理层极富远见，并且表现出坚持与执着；二是项目组须在整个企业范围内提前做好细致周密的准备工作与文化的整合推动工作，为流程再造营造良好的环境，以顾客为导向的流程意味着顾客服务意识是企业文化的一部分。

新流程的设计不是问题的终结，在一段时期内仍需进一步改进，企业必须以持续改进作为业务流程再造的目标。

这样的流程再造，整合了零售商的各个经营活动，形成彼此融合的一体化活动体系；树立了新的企业文化，以"顾客需求、满意服务"为宗旨；必将提升零售业的竞争优势，形成核心竞争力，保持持续发展。

3. 掌握流程再造方法

零售商可以寻求适合自己具体情况的流程再造方法，比如：

（1）扁平化组织形式。为适应新的流程，零售商要调整组织结构，采取扁平化组织管理结构，适应目标管理体系，降低管理成本，提高管理和运营效率。

成立采购部门集中采购，建立配送中心，通过内部物流体系，配送各个事业单位，节约成本，提高盈利水平，紧贴顾客购买行为，完善营销手段，提高市场占有率。

加强公共关系，保持与大客户沟通，树立企业良好形象。完善管理信息系统，通过因特网和内部网，信息共享，建立学习型组织，加强知识管理，不断创新。

（2）绩效考核。新的业务流程，要用新的考核指标来激励员工，形成以顾客为中心的价值观，实现企业战略。

绩效指标应与组织目标一致、与组织结构相依存，并具有完整性、可控性和简洁性，如平衡计分卡，它是一种由一系列先行和滞后的绩效指标（即财务、顾客、内部进程、学习与成长）所构成的简洁文档，并能与组织的愿景和战略相联系。

这种绩效考核能为顾客创造价值，保证企业价值最大化的实现，并使价值持久，同时，能适应新型组织，促进信息的流通和共享。

业务流程再造只是提升企业竞争力和盈利能力的一种有效形式，不是"万灵丹"。在零售业中，有许多不同的形式存在，每种形式都可以根据不同的目的吸引、利用、放大和配置资源；同时，每种形式都要具备由软件和考核系统支持的一套文化准则，而所有这些都必须契合于组织的具体战略目标。

★ 控制成本从采购开始

在经营过程中，采购是重要的一个环节，也是和钱打交道最频繁的一环，如果采购不懂节约，就会增加成本。从这个意义上来说，控制成本就要从采购开始。

针对各种原材料涨价风潮，海尔集团特别提出了"四大"集中采购策略，即"大订单、大客户、大市场和大资源"。然而，要做到集中采购，听起来容易做起来难，有时不单单靠公司采购部一个部门就能够完成。

电缆是海尔集团众多产品都要使用的部件，为了做到集中采购，采购部门和产品设计部门通力合作，对空调、洗衣机、电冰箱等产品所用到的电缆进行了统一的重新设计，能够标准化的标准化，能使用通用部件的尽量使用通用部件。

通过这些措施，海尔集团所采购的电缆由原来的几百种减少为十几种。采购产品种类减少，才能顺理成章地实现集中采购。据透露，仅此一项改进，就使得海尔集团在电缆采购上节约了大概20%的成本。

虽然采购对企业的影响如此之大，但在高速发展的中国市场中，很多企业家对采购的关注和重视程度似乎不够，大部分企业的采购职能被忽视。

采购成本是企业成本控制中的主体和核心部分，也是企业可以作为的部分，如何才能降低企业的采购成本呢？

控制采购成本

如何控制采购成本呢？首先，要找出哪些是更好的有利于公司成功的关键采购目标。

先于大处着眼，再落到细节！在决定有利于公司成功的几个关键目标之前，可以考虑以下一些因素：供货商品质、交货及时率、下单到交货的周期、成交价格、批量折扣、能满足需求的服务，以及其他反映供货商表现的方面等。然后，决定几个对企业成功来说很重要的关键目标。

这些信息应该用来制定供货商评估的标准。标准来源于公司对市场的价值定位，也就是公司的战略基础。确定公司需要做什么来满足客户的需求，将引导你决定实际需要去做什么。

有一个典型的方法，就是根据岗位说明书来评估采购人才。如果战略改变了，岗位说明书并不一定会随之而变。采购人才的评估应该以某个标准为基础，这个标准应来自于公司的战略、价值定位、客户满意度、营运的重点目标，以及供货商对于这些目标的支持程度如何。

遵守采购七大原则

采购的时候，要遵守这样几条原则：

（1）必须建立完善的供应商评审体制。对具体的供应商资格、评审程序、评审方法等都要做出明确的规定。

（2）完善采购员的培训制度。

（3）价格的评审应由相应程序规定由相关负责人联名签署生效。

（4）规范样品的确认制度，分散采购部的权力。

（5）不定期监督，使采购员形成压力。

（6）建立奖励制度，下调价格后应对采购员进行奖励。

（7）加强开发能力，寻求廉价代替品，还需懂得投机和延迟！

降低采购成本

如何才能降低采购成本，可以使用这样一些方法：

1. 学会核价

不管采购任何一种物料，在采购前要熟悉它的价格组成，了解你的供应商所生产成品的原料源头价格，为自己的准确核价打下基础。以此为基础有目的地谈判，做到知己知彼，百战百胜。

2. 信息来源要广

现今的社会是一个电子化的社会，要从不同的方面收集物料的采购信息、地域差别等。

3. 选择适合自己公司发展的供应商

我国有句古话"男怕入错行，女怕嫁错郎"，开发供应商亦如此！一个好的供应商能跟随着你共同发展，为你的发展出谋划策，节约成本，管理起供应商很省心；不好的供应商则为你的供应商管理带来很多的麻烦。

4. 提高采购人员的谈判技巧

采购人员的谈判技巧也是控制采购成本的一个重要环节。一个好的谈判高手至少会给你的采购带来5%的利润空间，这亦要建立在采购员的品德上。

5. 了解批量采购的重要性

任何人都懂得批量愈大，所摊销的费用愈低。采购计划人员需把好此关。

6. 建立企业的采购信誉

条款必须按合同执行，如付款你可以拖一次、两次，但你绝不能有第三次。失去诚信，别说控制成本，可能货都不会有人供给你。

7. 建立月度供应商评分制度

从质量、价格、服务三方面入手建立月度供应商评分制度，实行供应商配额制度，会收到意想不到的效果。

8. 建立采购人员的月度绩效评估制度

不但可以激励采购人员的工作积极性，同时也是防止采购员贿赂的一个有效手段。

9. 有效控制采购库存

避免停转产的风险及积压物资的风险，无形中控制自己企业的采购费用。

完善采购基础管理

采购的基础管理主要包括这样几项：

1. 零散采购的采购信息注册备查

有关采购品名、数量、商标、价格、厂家名称、采购地点、联系电话等信息要详细向公司稽查部门进行登记备查，公司可随时派人以第三方身份进行抽查。

2. 采购流程分权运作

相互制约。由供应部门负责初选供应商，质量与技术等部门评价供应商的供货能力，对其资格进行认定，价格由财务部门负责监督与控制，付款由公司主要领导审批。

3. 整合实现采购渠道整合

明确各采购人员所负责的采购物资，同一类物资须由同一人员、经同一渠道采购，除非是有计划地进行供应商的变更。

4. 规范采购合同

采购合同明确规定供应商不得为销售其产品以不正当竞争的方式贿赂公司人员，否则按比例扣除其货款；合同还要明确有关采购返利的约定。

5. 与供应商建立稳定的合作关系

稳定的供应商有较强的供货能力，价格透明，长期合作它会对公司供应有一定的优先安排，可确保其供货的质量、数量、交货期、价格等。

采购管理要十分重视提高整体供应链的竞争优势，要尽可能与优秀的供应商建立长期、稳定的合作关系，鼓励供应的产品与技术改进，支持供应商的发展，必要时可与其签订战略联盟合作协议等。

★ 零售业仓储管理计策

库存管理最核心的意义是努力保证企业物畅其流。具体来说，库存管理的意义在于：

零售业商品销售的不确定性是库存存在的根本原因，进行库存管理可以有效消除浪费与应对需求的不确定性。

库存是供应链管理的平衡机制，做好库存管理，就会为以最终客户为中心的供应链管理打下坚实基础。

结合销售分析，通过库存管理促进最佳采购策略的建立，一方面可以降低企业内部的物流成本（仓储成本、采购成本、运输成本、缺货损失成本、溢出损失成本等）；另一方面也可以使上游供应商更好地、成本更低地满足零售企业的商品需求。结合商品保存技术、仓储技术等，通过库存管理保证库存商品的品质。

库存管理的前提是保存的商品必须是良品，库存管理将通过对盘点、加工、搬运等活动进行计划、组织与控制，使已经失去社会价值的商品不再循环于销售物流中。

认识一些基本概念

要评价一个零售企业的库存管理是否有效、思路是否正确，企业必须对库存管理过程中用到的一些基本概念有较深刻的认识。

1. 即时库存量

即时库存量也称当前库存量，是指某个单品（或者某类商品）的当前库存数量或者金额。

2. 平均库存量

平均库存量是某段日期内某个商品（或者某类商品）库存的平均数，一般有月平均库存量、年平均库存量。按照定义，平均库存量最精确的算法是：

平均库存量＝某段日期内每日库存结存之和/期数

而在实际操作中，许多企业将平均库存量简单地定义为某段时间的期初存量与期末存量的平均值，例如：

月平均库存量＝（本月期初库存量＋本月期末库存量）/2

年平均库存量＝各月平均库存量之和/12

3. 安全库存量

安全库存量又称缓冲性库存量，仓库经常需要处理各种突发情况，例如：需求突然发生变化、运输中断等，安全库存量就是为了应付这些突发事情而建立的商品库存备份，许多企业甚至通过"双仓制"来分别管理正常库存与安全库存。

安全库存量的值一般是基于零售企业对缺货率的可接受程度，通过一些概率学方面的知识进行确定的。

4. 允许缺货率

在零售业的实际销售过程中，永远都会有发生缺货的概率，企业一般会根据商品的实际经营特点设置一定的可以接受的最大缺货率。允许缺货率一种简单的算法是：

允许缺货率 =（不能按时送货的次数）/（总订货次数）×100%

例如：要求某商品的允许缺货率为 5% 以下，即要求每 100 张订单，能及时响应并送货的单需要达到 95 张以上。

5. 平均出货量

零售企业的平均出货量一般有两个方面的意义，即：对销售点来说，主要是指日平均销售量 DMS；对仓库来说，主要指平均每天需要配送出去的商品数量。

6. 库存周转率（库存周转天数）

库存周转率对于零售企业的库存管理来说有着非常重要的意义，它是反映零售企业库存资金周转速度的一个关键性指标，通常库存周转率的计算公式为：

库存周转率 =（平均出货量）/（平均库存量）×100%

库存周转天数 = 平均库存量/平均出货量

零售企业常常使用周单位、月单位、年单位来计算库存周转率。

库存周转率并不是一个绝对的衡量指标，也就是说并非周转率越高就越好，越低越不好，它仅是为库存分析提供一个关键线索而已，周转率偏高或偏低都有可能出现库存管理缺陷，例如，偏高可能是缺货率高的一种迹象，偏低可能是实际销售额明显下跌的一种迹象。

可是，许多零售企业并不刻意去追求周转率的最大化，而往往是通过合理、科学的分析去寻求一个合适的库存周转率，例如，部分零售企业要求库存周转天数在 16～22 天等。

零售业仓储管理计策

当众多零售商经历了价格战的洗礼后，纷纷意识到，要在竞争激烈的零售市场取得长远的胜利，必须提高仓储管理效率，以支持前台不断增加的消费需求，为客户提供满意的服务。我们提出了以下六大策略，帮助零售商透过先进的仓储管理系统改善仓库运作。

1. 不断考核评估与分析

对于库位的安排，畅销品往往存放在仓库的中心位置，而滞销品则存放于仓库的角落。问题是，许多仓库每月甚至每季度才查看核对一次哪些是畅销品，哪些是滞销品。

现今市场变化极快，例如，在风和日丽的三月，人们喜欢为阳台添置一些户外家具，如果零售商不能及时预见这一购物趋势，将畅销品摆放在方便拣货的位置，就会令拣货员浪费宝贵的时间，辛苦地在角落里寻找太阳眼镜、草坪躺椅或坐垫一类的热销品。

借助于仓储管理系统，可以不断对库存进行考核评估和分析，快速确定哪些是畅销品，哪些是滞销品，并将产品自动归入相应的库位。

2. 优化任务分配

提高工作效率，意味着减少怠工时间。这包括避免"空车运转"，即运转没有承载货物的叉车。在复杂的仓库环境中，管理者很难做到纵观全局，因此必须依靠智能化的仓储管理系统来优化司机任务分配，比如缩短拣货距离，提高拣货效率。

3. 充分利用供应商信息

如果一切运作正常，要准确记录供应商有哪些货品置于叉车的托盘上。

大多时候，收货仓库并没有利用供应商提供的货物资料，而是重新统计入库信息，增加了许多工作量。如果能避免重复的工作，便能大幅度提高仓储效率。

例如，可以采用条形码，将托盘上的货物与电子信息相结合，那么收货仓库只需通过条形码，即可扫描电子信息内容。这样，不仅可以加快收货流程，也可确保库存准确度。

4. 避免不必要的入库程序

仓库一边在将物品拣货和上架，而另一边却在收集下架完全相同的货品，类似情况经常发生。如果可以将这些即将入库的货品直接运出，省去不必要的储存步骤，就可以显著提高工作效率。可惜的是，在众多仓库中，只有少数管理者会利用仓储管理系统提供的交叉转运功能，将货物直接从入货处转运至发货处。

5. 考虑有限容量

无论活动层多大，仓库容量始终有限。超过这一容量，通常会导致物流成本增高，造成员工加班赶工，或者由于员工出错而需后续整改，同时还有可能导致货品发货延迟。

采用与仓储管理系统直接连接的订单管理系统，可在受理订单时根据仓库容量，做到量力而行。如果订单管理系统表显示仓库容量已经达到极限时，公司可及时预见，与客户达成协议，延迟一天交货或从另一仓库供货。如果零售商店与订单管理系统连接，运货次数可以与仓库容量自动匹配。客户可获得实际保障，而不是空头承诺。

6. 确定交付货品和对象

对于许多零售商而言，除了传统的商场销售渠道之外，还会透过网店直接销售货品予顾客。有的网店可以让顾客先将商品放进购物篮中，之后才确认是否购买。但是顾客却往往失望地发现之前放进购物篮中的商品已经卖完。

对于零售商来说，可以采取多种方式来解决这一问题。例如，为网站的销售预留足够的库存；或者通过智能系统查看商店是否有存货，并通知顾客前往商店提货，避免顾客失望。

因此，零售商想要改善客户服务并且在竞争激烈的市场中盈利，未必需要加重仓储管理的负担。如果能够跳出旧有的思维模式，积极迈向仓储智能化及信息化，便可令运作更加顺畅轻松且高效。

★ 零售业的"软实力"

零售业是一个瞬息万变的行业。在消费者需求多样化、竞争越来越激烈的年代，零售企业必须增强创新意识，在改革创新中不断寻求发展，才能不断满足消费者增长的需求、打破千店一面的局面、不断提升经营能力的助推器，使百货零售企业在竞争中出类拔萃。

近十年市场风浪的洗礼，零售企业间的市场格局逐渐形成，"软实力"在企业间下一阶段竞争中开始发挥越来越重要的作用。

1. 企业文化

每一个想成功的企业，都或多或少地认识到企业文化的必要性和巨大作用，都追求达到管理的最高境界——形成强大的凝聚力，激发员工自觉自愿工作。

百度一下"零售业企业文化"，关于世界 500 强沃尔玛的搜索项占据了网页的前 10 页，我们也从字里行间了解到沃尔玛创始人山姆为公司制定了三条座右铭"顾客是上帝"、"尊重每一个员工"、"每天追求卓越"和十条成功法则。

第一，尊重个人

沃尔玛不只强调尊重顾客，提供一流的服务，而且还强调尊重公司的每一个人。在沃尔玛内部，虽然各级职员分工明确，但少有歧视现象。

在沃尔玛公司里，员工是最大的财富，他们有一套特殊的对待员工的政策，不称员工为雇员，而称之为合作者、同事，一线员工可以直接与主管甚至总裁对话，而不必担心报复。员工以佩戴"我们的员工与众不同"的胸牌而自豪，充分体现了沃尔玛的独特营销内涵。

第二，加强团队合作精神

沃尔顿把员工看作是公司成功的最重要因素。沃尔顿的成功秘诀是："聆听公司内的每个人的意见，并设法让他们畅所欲言，站在第一线的同仁，他们是真正和顾客谈话的人，只有他们才知道发生了什么事，你最好知道他们所知道的事，这是全面管理的真正意义。将权下授，而下情可以上达，让员工将好的构想提出来。"

第三，建立良好的培训机制

培训不仅是员工提高自身的途径，也是了解公司的一种方法。沃尔玛公司设立培训图书馆，让员工有机会了解新闻资料和其他部门的情况。所有员工进入沃尔玛公司后，经过岗位培训，员工对公司的背景、福利制度以及规章制度等都会有更多的了解和体会。

沃尔顿把这些原则融入他所热爱的事业中，把创新、热情的工作精神注入沃尔玛连锁店，激发每一位员工的热情和创造力，使沃尔玛事业在激烈的竞争中一路领先。

2. 创新能力

创新是推动企业发展的根本，这些年越来越多的企业意识到这一点，也开始持续加大对创新的投入。其实，对于零售企业来说，创新并不是要多么高端，零售企业的创新应无处不在。

创新是当下世界零售业正在形成的一轮经营模式，以大卖场业态经营为主的家乐福正在加紧步伐。

家乐福在中国的发展过程中，服务消费者的创新举措实际上每月、每天都发生在门店内，创新对于家乐福这样的零售企业而言是无处不在的。

家乐福成立于1959年，是大卖场业态的首创者，是欧洲第一大零售商、世界第二大国际化零售连锁集团。现拥有1.1万家营运零售单位，业务范围遍及世界30个国家和地区。集团以三种主要经营业态引领市场：大卖场、综合超市以及折扣店。

家乐福的经营理念是以低廉的价格、卓越的顾客服务和舒适的购物环境为广大消费者提供日常生活所需的各类消费品。1995年，家乐福在中国开设了第一家大卖场，截至2013年12月31日，家乐福在中国内地共拥有门店236家。

据了解，家乐福在食品安全、生鲜产品等方面都有所创新。两三年前，家乐福与中国政府和中国大专院校共同投资创立了四个一级实验室，并且在中国范围内建立了十个化学实验室，这些实验室的设立就是为了让家乐福能够在门店一直不停监控其所卖的产品。另外，家乐福对生鲜产品监控也频出新招。家乐福已经引进二维码技术，顾客只需用手机扫描二维码，就可以得到各方面关于生鲜产品的信息。

家乐福的创新举措不仅如此，还推进了"蔬果茂"和"家优鲜"两个生鲜领域的可持续发展核心项目。与此同时，家乐福在中国还采购了优质的农产品，法国巴黎的消费者已经可以吃到中国的优质蜜柚。

3. 服务

有了"顾客至上，质量第一"的思想作指导，有了质量体系作保障，这就为整体服务质量的提高提供了大的环境和前提，也打下了坚实的基础。但服务是由许多具体的工作组成的，整体的服务质量是由具体服务工作的质量构成和表现的。因此，具体服务工作完成的质量如何，将对整体服务质量的提高产生决定性影响。

（1）零售商要有科学的服务决策。服务决策是否科学，不仅涉及服务工作的正确性，而且涉及服务效果的大小。

◇服务事项决策要分明

零售商要明确本人能够提供的服务事项及对顾客的重要性。前者可由零售商列出清单，后者可根据不同顾客的重要性分出等级。提高服务质量，要在用户认为重要的服务项目上优先做好服务。

◇服务水平决策要恰当

顾客不仅要求企业提供各种重要的服务事项，而且还希望零售商根据顾客的愿望和自己的实际能力，比照竞争对手的服务情况，制定出比较恰当的服务层次水平，以使顾客感到"满意"或"比较满意"。

◇服务方式决策要正确

比如，售后的换货退货服务，如果是大件商品，顾客到商店退换比较麻烦，那么商店是否会上门退货或换货？对这一问题的决定，就是服务方式决策，即零售商应该以什么样的方式提供服务。服务方式正确，有利于更好地满足顾客的需要和提高企业信誉。

（2）零售商业企业要讲究服务技巧。服务技巧是零售企业员工提供服务的性能和艺术。它包括很多方面的内容，如准备、招呼技巧，出样、展示、介绍技巧，递交、送别技巧，退货、换货技巧等。

提高服务技巧，不仅是零售商竞争的需要，也是满足顾客消费品位变化的需要。一方面要求员工要不断地进行科学理论和科学知识的学习，另一方面又要求其在实践中不断地进行经验积累。当技巧转化为艺术时，服务水平将达到这样的高度：消费者得到的不仅仅是一种物质满足，而且还有一种精神享受。

4. 社会责任

零售企业的主要职责是推动企业生存和发展的动力源泉。只有企业得到生存和发展，企业满足社会需求的责任才有履行的可能，因此为了使企业能切实履行其应尽的社会责任。企业不仅要关心财务收益率，更要关心长期的资本收益率最大化。

为了提高企业对其社会责任的认识，进一步理顺企业和社会的关系，则需要提出和确立企业社会责任的社会需求观。

满足对社会和客户的服务，是企业社会责任的第一要务。把市场仅仅理解为只是追逐利润的场所，会成为导致企业败德行为的重要诱因。正确树立企业的社会责任观，也将成为企业行为选择的内在价值观支柱。

服务客户的核心在于，努力降低客户的总体消费成本，从而为客户创造"价值"，获得客户的信任和忠诚，并以此来推动企业的生存和发展。

利润对于企业来讲是重要的，是企业发展和社会进步不可缺少的前提。因此在合理合法的前提下，企业对利润的追逐无论如何都是正确的。

追逐利润是服务客户满足需求的前提和手段，而服务客户满足需求才是企业应当追求的目标，这才是所强调的企业社会责任的社会需求观的本质所在。如果企业做了一些不该做、不必要做的事，而其该做的事、该尽的责任却没有做到，就是企业社会责任的错位。

★一流的"买手"

零售是商品价值链条中最核心的利润分配环节，是企业产品展示、传递给顾客的端口，也是顾客喜好、消费习惯等需求信息的重要反馈渠道。多数零售企业将自己的角色定位为"卖手",即帮企业卖产品,雇主是制造企业,赚取企业的佣金。而优秀的零售企业应该成为顾客的"买手",帮顾客买产品,雇主是顾客,赚取顾客的佣金。

作为制造企业的卖手,零售企业在商品选择上会偏向利润空间大的产品,而将顾客需求放在第二位,虽然短期内有可能提高业绩数字,但也可能产生滞销、顾客体验和美誉度下降等问题,影响长期顾客忠诚度和企业利润。作为顾客的买手,零售企业在商品选择上会以顾客需求为核心,所选产品的需求契合度会更高,顾客更容易产生满意度和愉悦的购物体验,最终形成长期的忠诚度。

同样是"做买卖",关注买和关注卖会有不同的经营效果,也会有不同的创新方向。零售企业必须明确的是,先成为优秀的买手,才能成为强大的卖手。

作为顾客的买手,零售企业可以从买手的角度思考零售创新的方向。

1. 品类聚焦

随着零售竞争的加剧,聚焦品类成为一种趋势,比如,实体店中烟酒超市、日化超市、孕婴超市等;再比如,电商中的垂直网站酒仙网、艺福堂等。

对于零售企业而言,大而全的业态需要较大的资金,需要规模效应来盈利,进入门槛较高。而聚焦于一个或相关的品类,可以在品类范围内成为顾客的采购专家,提供比商超更丰富的品种,做大一个品类的零售规模也更容易盈利,同时商品管理的成本也会降低。

一个企业不可能为顾客生产所有产品,同样,一个买手也不可能擅长帮顾客买所有产品。

2. 定位升级

多数零售企业一般靠低价来卖商品,但随着人们生活水平的提高,消费不断升级，全价值顾客越来越多，高端超市、绿色食品超市的诞生就是明证。全价值顾客追求产品和服务的品质、附加价值、体验度，愿意为之付出更高的货币成本，却经常买不到合适的全价值商品（如有机食品、环保商品等）。比如：早餐，多数人的反应是不吃难受，吃了也难受，哪个早餐店能满足早餐的全价值需求，一定可以快速做大。

多数零售企业都是以顾客经常关注的几个低价商品来吸引顾客，若以几个平价的全价值商品来服务顾客，更能获得顾客忠诚。整体来看，零售企业的定位应从为顾客提供低价、特价商品，向为顾客提供平价的全价值商品升级——买手应该建议顾客买更好的产品。

3. 反向整合供应链

供应链管理决定零售企业的运营成本和利润，优秀的零售企业通过运用信息技术对采购、物流、库存、货架等环节做到了极致。供应链效率解决的是企业成本控制的问题，由此买手可以为顾客节约货币成本。

多变的顾客心理预期导致商品的生命周期越来越短，这迫使零售商不断调整配货策略。在零售企业中，如海澜之家、迪卡侬等，采用了 SPA 模式，通过终端店面品牌，推出自有品牌的鞋服。

在最近体育服饰的关店潮中，迪卡侬仍保持了逆势增长。SPA 距离顾客最近，能够最快地理解顾客的需求，可以快速根据需求动向整合供应链的货品供给，响应需求。应该说，SPA 模式更能体现零售企业"为客户买"的角色定位。

零售企业可能不能完全做到随顾客需求而动的 SPA 模式，但可以借鉴其根据顾客需求推出自有品牌整合供应链的运作模式。

这种模式在服装零售中较多，与服装的品类属性相近的，如家居、家纺、茶叶等品类也可以尝试，前提是品类中没有绝对垄断的品牌，并且有足够的生产制造能力可供整合。电子商务零售企业、电视购物零售企业也可以加大对这一块的投入，茶叶领域的艺福堂采用的基本就是这种模式，取得了不错的业绩。

4. 提高便利性

做得好的零售企业，要么是将便利性做到了极致，要么是将体验度做到了最优。相对而言，无店铺零售的优势是便利性，需要补足体验度；实体店铺的优势是体验度，需要补足便利性。

在实体店，相比网络购物，顾客寻找和比较商品是体力活。除了做好货架陈列、货品摆放和人员引导外，实体店还可以引入触控式数字告示，顾客弹指间就可以掌握最新商品与优惠，也可以查询商品的详细信息，甚至可以网上询价，节约顾客的选购精力成本。

此外，实体零售企业也可以开辟电子商务平台，二元并进，让顾客在网上比较商品，在店内体验、提货，苏宁、国美等家电零售巨头在这方面已经有了不错的实践。对于一些非标准化、不可预见的商品，零售企业也可以利用网络平台对商品进行描述、展示，让顾客掌握基本信息，加快决策过程。

每一家零售店都是一个信息环境，虚拟环境是实体环境的抽象，又是实体环境的充分表达。实体店应该从虚拟的信息环境上下功夫，增加顾客购物中信息寻找、比较、删选的便利性。

5. 做优体验度

标准可预见商品更适合无店铺销售，有更优的价格就可以成功售卖。随着物流基础配套设施的完善，无店铺经营（电子商务、电视购物）开始涉足非标准不可预见的商品。比如某些创新型商品和需要空间审美搭配的商品，因为没有认知基础和现场感官，更需要体验来促进购买决策。这就需要在商品展示上，多使用有故事的图片和富有情境空间感知的画面。当然，最直接的方法，就是配合线下实体店展示商品，增加顾客体验度。

对于无店铺零售企业，顾客购买决策后的体验也非常关键，这包括下单的便利性、客服的服务、物流准确度与完好度、使用问题的解答、退货简化度等方面的体验。如果某一个环节出现问题，顾客就会流失，甚至会给差评或在自媒体中散播负面口碑。

由此看来，无店铺将零售的服务属性表现得更为突出，反过来讲，服务是无店铺零售企业的重中之重，其创新应该围绕服务展开，比如隔日送达、无条件退换货等。无店铺企业的出发点如果是帮顾客"买产品"而不是卖产品，其服务水准和由之带来的顾客体验一定会与众不同。

第八章　服装业的突围之路

★外向型同质化的悲剧

　　曾几何时，国内服装市场涌现了一批又一批卓越的服装品牌群。"一招鲜，吃遍天"是很多服装品牌市场制胜的重要法宝，关于"一款卖遍天下"的各种版本的神话至今还在很多只恨没赶上好时代的服装老板中口口相传。可是，最近几年，服装老板们突然感到生意不太好做了，虽然做工精良，款式新潮，店面气派，销量却不如以前。

　　其实这个问题的出现，正是同质竞争产生的必然结果。如今，服装业态已经进入一片红海之中，同质化愈来愈大，差异化愈来愈小，翻版模仿满城皆是！

　　目前，服装市场品牌的同质化体现在以下三个方面，如表8-1所示。

表8-1 服装市场品牌同质化表现

体现	说　明
目标市场同质	有些服装企业依然片面追求市场覆盖率，没有对市场定位进行细分；有些企业过多地集中在某些群体上，如年轻女性群体
产品同质	没有挖掘设计理念，没有进行款式创新，没有深度的研发，大家互相抄袭、"扒版"。另外，流行趋势短促而多变，服装设计人员来不及应对，当精心设计的一个款式出炉时，市场对这类产品已经反应冷淡
传播同质	大多数服装企业都运用了明星代言、央视广告、举办展会、节日打折等促销方法，很少创新。甚至在店面布置上，几乎所有服装店面都是相似格式的，布局、装饰风格很像，无法给客户留下深刻的印象

正是这些原因让同质化竞争每每不期而至。结果，消费者只记住了衣服的式样，根本没有对品牌产生好感，更不用说产生二次购买了。要想打破这种同质化的束缚，首先就要学会产品的创新！那么，服装企业如何创新产品，打破品牌同质化的束缚？

1. 回到客户的需求原点

要对消费者潜在需求进行有效调研，引导设计师来发现市场需要的空白，进而设计出满足市场的产品。这正是消费者驱动型产品创新的核心作用——寻找消费点、满足消费者。

这个过程更加微观和专业，需要设计师运用更多的方法和技能达到目的；只有将创新思路转化为创新的产品，才能保证企业在新的细分市场中占据领导地位。事实证明，这个过程比单纯的市场调查更具有穿透力，更能把握消费者的真正需要。

对于潜在消费需求的分析大致可以分为两个层面：一个是区域习俗，另一个是文化需求。比如，在南方和北方，人们虽然都追求服装的时尚，可在服装风格上却有很大不同。此外，企业更要设计出情感和文化价值，要让基于消费者情感价值的创新成为产品创新的主流。

2. 重视产品创新全过程

根据质量回报理论可知，消费者只会对其产生价值的质量买单。创新产品的时候，客户价值也是促使经济价值最终实现的最重要的中间目标。真正对客户产生价值的服装产品创新必须是客户能够感受到的、真正能够让消费者享受时尚舒适的体验的改进。从这个意义上来说，产品创新不是研发设计一个部门的工作。

对服装产品来说，消费者在购买阶段是不会感受到创新带来的全部变化的，只有把创新意图和所能带来的穿着体验通过销售人员传达给消费者，让消费者完全理解创新的好处，创新过程才算是真正完成了。

服装设计要把握面料市场的最新变化，如新原料、新材料、新的功能整理……只有把握住了这些信息，加入实用主义，融入品牌风格和文化中去，才会变成有效的创新。

3. 加强产品创新管理

品牌可以使消费者对本品牌产品有一个稳定的预期，通过产品创新，对款式款型、设计元素、色调品位、面料等细节元素的共性化处理，就会在消费者心目中建立起风格统一、特色鲜明的产品品牌形象。如果对这种互动关系的反应不够敏感，必然会降低产品创新工作的效率。

今天，服装品牌的生产管理更注重供应链的管理。同样，服装品牌的创新也开始向专业化分工进行改进。比如，专门的面料 ODM 原始设计企业，在广东西樵地区很多面料企业都将商业模式转型为给服装品牌公司贴身定制开发面料，男装休闲面料供应商汇隆纺织公司在这一领域做得最成功。

在上海，也有专门的服装设计公司，专门为服装品牌提供服装款式的设计服务，按照订单会上选中的款式多少来收取费用。服装品牌公司可以通过吸取外部的营养来弥补内部设计师的不足，整合资源进行产品创新，减少创新费用，扩大创新成果。

通过产品创新的专业化分工去突破同类服装品牌产品同质化的束缚，是增加企业利润与提升品牌市场竞争力的根本有效手段！

★ 服装业零售的困境

外向型经济遭遇寒流，也波及了服装业。

由于服装业本身存在结构性问题，再加上电子商务等新型购物形态的兴起，使得本应承担更多份额的国内市场并不对服装品牌商买账。结果，服装零售商遇到了这样的集体困境：高库存、打折不断。

其实，在我国制造业成本上涨、内需增长缓慢、经济发展模式粗放的大背景下，服装业只是许多行业的一个缩影。当整体经济快速增长时，跑马圈地的模式并无可质疑之处；但当市场的增速低于圈地的速度时，许多矛盾就会日益凸显出来。

服装业陷入困境的原因

1. 服装业库存居高不下

网络上流传着这样一句话："如果中国所有的服装企业停业，仅库存量也够在服装市场上销售三年！"抛开数据的准确性不说，服装行业的高库存压力确是不争的事实。美特斯邦威、海澜之家、李宁等众多知名品牌都陷入了商品高库存的旋涡。随着服装行业增速放缓，高库存不断侵袭服装行业，服装行业正在经历成长的烦恼。

作为大众休闲服饰的领军品牌,美特斯邦威尽管2011年销售额达到了创纪录的99亿元,但库存也高达25亿元,与2010年第一季度的7亿元存货相比增长了300%。

正在准备上市的海澜之家,其招股说明书显示,2011年末存货总额为38.71亿元,占资产总额比重的56.94%。

而李宁、耐克等企业,也宣告库存压力巨大,庞大的库存量已把传统的服装企业逼近警戒线。

正常情况下,企业健康的库存率应该在20%左右,而国内的服饰企业平均库存率为30%~40%,几乎所有的服装企业都受到库存的困扰。库存压力大的现象,反映了服装业生产过剩的现实。

2. 对渠道的把控能力较弱

为什么服装业会出现生产过剩呢?从供求关系的角度分析,一方面,需求下降,2012年的经济大趋势并不好,人们捂紧了钱包;另一方面,生产方对消费者的需求类型把握不当,生产的产品可能并不符合人们的审美,或者生产方对市场的需求量预估不当,制订的生产计划不合理。这些原因反映到制造、批发和终端零售几大环节,又出现了各种各样的解释。

(1)经济下行,服装业出口转内销,内需暂时无法撑起。我国服装业主要是外向型经济,出口压力增大。据海关统计,我国服装出口数量已连续13个月呈负增长的局面,出口金额增速也持续下降,至2012年9月,累计增长幅度已降至1.35%。

出口量降低的背后,是外需不振、国内外棉花价差不断拉大、生产要素价格持续上涨等诸多现实,很多订单在向东南亚这些新兴市场经济体转移。比如,凡客诚品将部分订单分配给合作伙伴在孟加拉国设立的代工厂,李宁公司则在东南亚寻找更具性价比的合作伙伴。

服装产品销售不出去,外需低迷,内需市场压力增加。2012年1~11

月，在社会消费品零售总额中，纺织服装的消费增长了18.2%，高于全社会的消费零售总额14%的增速。但是尽管内需旺盛，在短时间内依然无法消化服装业如此高的库存。比如，服装业的分支——体育行业。

由于较高的库存，体育品牌不但在各地掀起了打折潮，而且还不断关闭门店。李宁公司2012年8月中报显示，2011年上半年整体关店1200间，关店比例达15%。9月，李宁公司关闭了唯一一家香港分店。

（2）渠道管控能力较弱，无法短时间内获取一线信息。目前，国内服装企业在销售渠道中普遍采用"品牌商—批发商（代理商）—零售商"的批发分销模式，这种模式信息流通不畅。

大多数服装企业的生产量主要由下游分销商反馈的信息制定生产计划，而不是依据消费者提供的市场信息，因此，企业对消费形势的判断往往过于乐观，并且经常是提前半年至一年生产产品。产品产量远远大于市场实际消化量，从而导致库存积压。

出于周转的需要，代理商订购较多商品以备断货，品牌商储备较多商品以备补货，但是当需求"变异放大"到一定程度时，库存较大的现象就不可避免了。

举个例子，假设终端客户实际只需要10件，零售商就会认为需要15件，到分销商那里达到20件，最后反映到生产企业那里，这个数字就扩大到20~30件，比原来整整提高好几倍。这种批发零售现象导致的另一个现象是畅销产品断货，平庸产品积压。对于品牌商而言，只要产品批发出去，就已经形成销售额，不会关注零售端的变化。

对于代理商和零售商而言，一旦销售量不够，就会打折，对品牌的爱护程度不够；当打折不奏效的时候，退货也是很常见的。而如果品牌商不同意，下一季订货会可能就见不到那位经销商了。也就是说，产业链的不同环节有利益博弈，不利于整个产业的发展。在这种脱离消费者需求的生产模式下，生产出来的服装往往落后于当时流行的颜色和款式，具有滞后性，销量会低于预期。

需要指出的是，当市场处于高增长期时，库存问题会被市场的繁荣表象所掩盖、被快速的销售增长率慢慢消化，根本不会引起企业重视。但当行业步入寒冬，销售受阻，库存的弊端便会迅速凸显，成为企业生产、销售链条上的严重障碍，于行业发展十分不利。

（3）电子商务等对以门店销售为主的服装商进行蚕食。目前，大多数服装品牌商的销售收入还是来源于门店。从整个零售业来看，实体零售在电子商务的冲击下，利润正在大幅下滑，这不仅仅局限于服装业。

服装产业，由于房租、人力成本等不断上升，开设一家门店的价格也越来越高昂，零售商不得不用较大的出货量来维持店面利润，这意味着较大的客流和较高的客单量。在产品同质化和人们捂紧钱包的背景下，这种理想的情形只有通过打折才能实现，如此必然会损伤品牌的价值。

对于消费者而言，服装业的线上优势似乎更加明显，这主要是由于房租、人力占据了服装很大一部分的成本，既然可以在网上便利地买到便宜很多的衣服，为什么要去昂贵的实体店购买呢？

提升品牌内涵、优化渠道结构、提升直营终端销售能力

从短期来看，要解决库存问题只有三条路：开直营店、打折甩卖、电商清仓。虽然从长期来看，长期打折会损坏品牌形象，让消费者养成不折不买的习惯。但是，对于众多服装企业来说，在高库存压力下，品牌形象已经显得没那么重要，如何消化库存获得资金流，让自己生存下去才是首要问题。因此，提升产品独特性、加大企业对渠道的把控力度、提升终端店面销售能力等措施也就成了生存的长久之道！

1. 增加个性化投入，构建独特的产品

在之前跑马圈地的时代，服装业主要奉行"营销＋渠道"的模式，对产

品的重视程度不够。可是，当粗放式的扩张到达瓶颈之后，消费者对产品本身的要求就更高了。企业要停下快速增长的步伐，多关注消费者的需求。

2013 年中国第一夫人彭丽媛穿着本土品牌的定制服装出现在世人眼前，着实让私人定制火了一把。与此同时，不少国际一线品牌也开始在中国做起了私人定制；不少国内的服装企业也都将私人定制业务视为企业转型升级的办法之一。

当前，已经涌现出不少服装、饰品的定制，其实是 C2B 的初期，服装业要迎合这个趋势。在国内为数不多的私人定制品牌中，恒龙绝对是其中数一数二的。

定制服装副总经理说：私人定制的主角就是顾客，为某个人量身定做衣服的时候，一定需要大量的沟通。设计师除了会仔细观察这位顾客的身材等种种细节，还会询问顾客的职业、个人喜好、平时的穿着搭配习惯以及穿着服装的场合等问题。在听完了顾客的想法后，设计师会向其推荐一些适合的款式和面料，并根据体形和肤色确定衣服的颜色及花纹。

当顾客描述自己想要衣服款式的时候，设计师会根据要求当场画出来，基本上当顾客描述完，并在一些细节上进行改动之后，一件令人满意的新设计就诞生了。

接下来就进入了量体环节。恒龙沿用了整套的英国私人定制流程及规则，而且不同的定制品牌有自己的一套测量办法。另外，顾客习惯穿搭的服装也直接影响了数据的记录，除了一些大家所熟知的测量部位，恒龙总共需要20多项身体尺寸数据。

这一整套程序完成后，公司将设计和顾客尺寸交给打版师，私人定制服装便正式开始制作了。

设计投入的重点是对于设计师的培养。这是一笔很大的支出，对企业的资金要求很高。以服装产业较为成熟的欧美国家为例，一个设计师想要成名，一般要先参加时装大赛，用奖金开工作室，找赞助人支持走秀；接着，再被时装周无所不在的资深买手相中，最终把作品放进知名时尚店售卖……如此，才能成为知名设计师。

设计还需要对消费市场有足够的了解，这些都需要数据的支撑。

2. 打通产业链，进一步接近消费者

国内服装业的流通环节多、流通成本高，其实消费者是不愿意承担这部分成本的。比如，欧美几大快消品牌应用快速供应链，渠道扁平化，大大降低了流通环节的成本，而国内服装企业的流通成本则远远高于生产成本。

数据显示，某知名品牌的衣服平均出厂价仅128元，而陈列到专卖店里的品牌服装，吊牌价恐怕要翻上好几倍。优衣库这样的服装零售店的崛起，就是一个很好的例子。

他们针对的是只注重产品功能的消费者，尽管产品的种类很少、样式相仿，但是通过对上游资源的整合和对消费者习性的精准把握，他们用出色的产品品类和实实在在的价格笼络了一批忠实的消费者。

如今，很多品牌商也开始走向整合产业链之路，在业内，美邦是公认的践行O2O比较早的企业。

2012年美邦直营店占比持续提升至25%以上。2013年10月，美邦在杭州的全国首家O2O模式体验店开门迎客标志着其O2O战略的落地。

体验店为消费者提供咖啡、WiFi、平板电脑等服务和消费体验，从而吸引消费者长时间留在店内使用平板电脑或手机上网，登录和下载品牌自有App，实现了线下用户向手机App的转化。

接下来的半年多，美邦在全国各地先后开启了几家类似的O2O体验店。目前在全国的直营店铺基本实现了商品信息的线上线下互联互通，即线上线下商品的互购、发货及退换货等，具备了初步的O2O功能。

相比其他服装企业，美邦做O2O有相对的优势。目前，美邦的体验店大

部分是直营店，而其直营店大多都是在核心城市的大店，辐射能力是比较强的。

3. 体验式销售，增加客户购买率

随着市场的演进，营销的升级，终端建设已经成为服装品牌征战市场的重要任务！任何品牌想获得良性的成长，必须靠终端为它说话、造势，秀出完美性格，获取顾客的情感和忠诚度。

但只注重商品和服务的传统的终端已经满足不了顾客日益成熟的消费需求，现在的消费者已经从"量的满足"时代发展到"心理满足"时代。消费时，消费者往往理性和感性的成分各占一半，不仅仅需要终端提供商品和服务的消费，更关注服装对其生活方式的影响，他们更注重生活品位，购买商品时越来越注重商品的象征意义和象征功能，需要得到充满感性的享受和难以忘怀的体验。比如，体验店就是很好的例子。

为解决汉派服装在全国没有终端销售渠道的弱势，60 多家汉派服装厂抱团从电子商务方面突围。他们在开网店的同时，还在每个城市开设一家大型体验店。其中位于武汉的体验店选址在菱角湖万达广场，于 2012 年"十一"前夕开业。

抱团之后，汉派服装参照"京东商城"的模式，在网上自行成立了一个名为"衣谷商城"的网上交易平台，武汉上千家汉派服装厂商可为其供货，行销全国。在网上选购汉派服装的消费者，可以去试衣间选购订货。

"衣谷商城"实体店的主要功能是展示各种款式的汉派服装，每个店内会配置一台带触摸屏的电脑。消费者在网上看中哪件衣服都可去实体店试穿，实体店没有的款式，也可查询后要求配货上门。

这样的体验店实现了人和产品的互动，是线上目前所不能提供的。

4. 优化管理，提升员工销售热情

管理上还是有很多可以作为的，比如，优化激励措施、精细化布局店

面等。

利用激励，可以解决销售的重点。比如，适当地增加高毛利产品的销售激励，并制定相应的目标，店员在高额的销售激励的促进下，就会重点推介店内的明星产品。对店员"客单价"、"会员招募"、"重复购买率"等项目的考核也是可以考虑的。也就是说，整个考核激励机制可详细设计，最大程度地提升销售。

岗位激励也是一项非常有效的助推激励措施。当终端门店做得很小的时候，可试行一人多岗、实施岗位工资。例如，七匹狼启动的"精英店长"培训计划。

为了增强终端零售管理者的管理服务水平，给国内消费者带来最佳的服务体验，2012 年，七匹狼从全国 4000 家门店店长里选拔出 20 名精英店长，到国外学习先进的终端零售管理理念。这在国内同行中尚属首次。

本次七匹狼精英店长学习的核心概念是"树立标杆市场的标杆店铺里的标杆人"。这 20 名精英店长将在海外接受一个星期的学习培训，内容包括待客礼仪、礼品包装、服装搭配、售后关系维护等，从形象到服务态度、对消费者心理的把握等各个方面进行全方位的系统学习。

除"精英店长培训"计划外，七匹狼还在紧锣密鼓地进行 2013 年终端零售精英的招聘，希望通过吸纳一批有激情、有潜质的新生力量，以储备店长、创业店长的形式进行培养。其中，储备店长是通过专项培养，在短期内将优秀毕业生培养成终端管理人才；创业店长则是七匹狼携手中国共青团中央共同提供创业基金，并在七匹狼的培训下，能够独立管理一家七匹狼终端店，成为一名成功的创业者。而表现优秀的创业店长，则有机会与此次的 20 名精英店长一样，被派到国外进行终端零售管理深造。

在整个服装行业普遍遇冷的情况下，七匹狼花费百万重金进行终端销售管理人才的培养、培训，从"人"的根本来提升终端的整体服务力，这显示了其发力零售管理的决心。

★多条腿走路策略

对于习惯寻找利润洼地的服装企业来说，积极转型，另辟蹊径，也能挖到金子。

厦门的生活运动服装品牌——万杰隆集团，春夏新品发布会中订单同比递增近50%，并在近日的国际采购交易会上拿下巨额订单。万杰隆的一大"过冬术"是：抢占三级县级市，做大内需市场。

目前，万杰隆在全国共有1300多个门店。实际上，由于高成本，在一二级市场的旗舰店，主要是用于品牌形象宣传，真正赚钱的是三级市场的门店。

万杰隆已经有一个令人羡慕的稳固的市场营销网络，令人称道的是，万杰隆创新思维，在店租普遍提高的背景下，通过低成本的网络扩展销售渠道，迈出了厦门服装企业网上开店的第一步。

自启动康民网以来，到目前为止，网络订单已达300多万元。这一营销模式，由于价格比专卖店有优势，受到消费者欢迎；且投入成本低，对公司来说，是一举多得。

面对服装网购市场显现的巨大商机，很多实体店生意做得有声有色的服装品牌，如优衣库、ONLY、ESPRIT、艾格、Jack&Jones、李宁、美特斯邦威、九牧王、七匹狼、百丽等，也纷纷在淘宝上开设网上旗舰店，或是设立独立的官方网站。随着这些品牌服装企业进军电子商务，网购服装开始从过去的小众经济，逐渐发展成为社会的主流消费方式之一。

2010年1月10日，BESTSELLER（绫致时装）集团旗下品牌ONLY的淘宝旗舰店正式开张，这是绫致时装在淘宝商城开设的第二家网店。两家网店销售情况都非常好，在淘宝商城销售排名中，应该都能列入相应品类的前三名。

在租金越来越高、黄金店面日益稀缺的今天，开展线上业务俨然成为不少服装品牌拓展销售的重要渠道。然而，服装企业开展电子商务的意义还不止于此。

优衣库社长柳井正就曾表示，在中国的网络购物群体中，23~32岁的年轻人占据了半壁江山，而这群人恰恰就是优衣库的目标群体。通过网上销售的数据和信息，优衣库能在第一时间最准确地了解到中国年轻消费者的喜好和行为习惯，从而设计出更符合中国消费者的产品。

不过对品牌商来说，开展网上销售面临的最大问题是如何协调线上、线下的价格体系。绫致时装，由于公司基本上都是直营店，所以线下价格的管控能力就很强。网上旗舰店与实体门店采取的是三同策略，即"同时"、"同款"、"同价"，基本不会造成冲突。然而对于多数存在总经销、分销、代理等复杂渠道体系的服装企业来说，网上产品的定价问题就不是那么容易解决了。

当李宁的B2C销售蒸蒸日上时，首先收到的就是来自于传统门店经销商的抱怨，认为网上折扣冲击了他们的销售。为了避免同一产品出现较大的价格差异，李宁开始采取"错季销售"、"错位销售"的办法。

在官方网店以当季新品为主，采取全价；经销商销售已上市3个月以上的过季产品为主，产品折扣较多。但这样一来，线上购物的价格优势无从体现，线下经销商又经常遇到有消费需求，却无产品的尴尬。

看来，如何处理好与传统店铺之间的利益平衡，已经成为服装电子商务能否快速发展的关键。

"两条腿"走路模式，其实是服企与商场双方的话语权之争！话语权之争体现为零供矛盾，目前国内不少商场，除了对入驻服企收取进场费、装修费外，还有25%~35%的场租返点，让服企更难接受的是名目繁多的促销活动，导致成本压力增加，一些品牌商为了利润无奈虚标价格。相反，专卖店主要是租金成本，约需 20 个点。

在目前的商业环境下，众多商场在当地定位高端，门槛设置高，一些新进入的服装品牌更愿意选择专卖店渠道。相比较而言，商场渠道成本要比专卖店高，高出 10% ~ 15%。专卖店布点成熟后，就有了与商场抢夺话语权的资格。

★在品牌力上做文章

服装发展到今天，简单的蔽体及保暖功能已经远远不能满足消费者的个性化需求了。要想获得发展空间，就要在品牌力上下功夫！

歌力思是国内知名的女装品牌，尽管歌力思是个不错的女装品牌，但歌力思很少做广告，在 Google 上搜索，关于歌力思的报道也只有寥寥数条。那么，歌力思是怎样提高品牌影响力的呢？用歌力思董事长夏国新的话说，就是"我们把广东人煲汤的功夫用在做品牌上！文火才能煲出靓汤！"

首先，歌力思找到了一个差异化的定位。一个服装品牌的定位应该包括四个组成部分：一是目标顾客性别与职业，二是年龄，三是价位，四是顾客心理需求。歌力思的定位是：25 ~ 40 岁的白领女性，她们有知识、时尚鉴赏力和个性，但不事张扬；价位较高，诉求是时尚、典雅、实用。

接着，他们将既定的定位传播出去。在歌力思，现场设计被当作服装的一个延伸。歌力思不仅在深圳开出了全面展示自身形象的旗舰店，还使专卖店的每个细节都与品牌定位保持一致。即便是洗手间的镜子，歌力思也要求专卖店必须经过设计师的认真设计，与整体定位保持一致。歌力思有一个"服饰顾问"的概念，就是通过培训，使每个店员都具备着衣咨询能力，并能熟练传达当季流行资讯。

歌力思做品牌的第三个经验是：坚持、坚持，再坚持。一个服装品牌的形成，是需要时间去积累的，国外大多数知名品牌，都是数十年甚至上百年积累下来的。"坚持"有两个意思：一是歌力思坚持不打低折扣；二是坚持品牌定位、风格和顾客群，形成自己的独特性，而不是一味迎合潮流。

歌力思很早就确定了时尚、典雅、实用这样的风格，然后，便努力在这样的风格基础上形成自己的独特性，并根据消费者心理的变化不断演绎这种定位。

从企业的 CIS、产品的打造、价格设计、广告传播，再到终端展示，每一个环节都高度保持一致。深圳的女装品牌歌力思真正做到了与品牌核心价值的完美统一。正是这些细节的力量锻造了以上品牌的辉煌业绩，也使他们在消费者心中的形象更加清晰明了。

对于高档服装品牌来说，体现的是消费者的身份、尊严、地位、品位及对成功的渴求。对于高档女装品牌来说，表现的则是消费者对生活的一种态度，一种对美、对个性、对时尚的追求。传统服装企业应该如何突破传统模式，快速塑造品牌影响力呢？

1. 品牌定位需明确

在创建一个新的服装品牌时，首先要有清晰的品牌定位。所谓品牌定位，就是你即将塑造的品牌目标客户是谁，他们具有什么特征？是男，还是女？是儿童，还是白领女性？同时，即将塑造的品牌希望在他们的心中有着怎样的形象？价格是高是低，设计是时尚款还是实用款等？

明确定位，细分精准，是传统服装企业塑造品牌中必须重视的大问题。细分人群越是精准，打造品牌流程就越容易。例如：

网络品牌七格格细分客户人群只针对"18～25 岁的追逐潮流女性"，其他年龄段一概不涉足。因为他们深知，作为一个品牌"通吃往往什么都吃不到"。

2. 专业工具，高效团队，专业设计

服装设计是打造服装品牌核心竞争力之一，产品风格不仅要符合品牌定位，也要符合当下的潮流趋势，迎合消费者需求与共鸣。

如今，已经衍生出不少专业工具，帮助服装企业把握市场时尚流行趋势，了解市场热卖款式，精确把握市场流行趋势与消费者需求。

全球首家专业中文服装设计资讯平台"POP服饰流行前线"，不仅分享海量服装款式设计资料库、传递全球服装品牌最新设计，并提供流行趋势预测报告、服装高端企划、汇集全球时尚杂志、专业服装设计杂志等资讯与设计资料，帮助近万家服装企业利用专业工具打造高效团队，创造专业设计。

传统服装企业在转型过程中，懂得有效利用第三方资源，弥补企业短板，会使转型之路走得更快更稳健。

3. "触电"电子商务，快速打造品牌

数据表明，网络是传统服装企业快速打造想要建立的品牌形象、大面积覆盖消费者的最佳选择。服装电商，向来比的是速度、是流行、是在消费者心中的印象，而这三点，概括地说可以用三个字来描述：快、准、狠。如何快速研发设计、高效生产，并精准抵达目标客户，是传统服装企业进入网络需要深思的问题。

有着制造"技术内功"的传统服装纺织企业，通过清晰的品牌定位，锁定精准细分的消费人群，并有效利用第三方的专业设计资讯工具，打造高效研发设计团队，开发迎合消费者需求的服装款式。我们相信，"触电"电子商务，定能最快速打造品牌形象，实现利润最大化，实现出口转内销完美转型！

★ 赢在终端

如今各行各业的竞争越来越激烈，服装行业更是如此！从前些年的生产能力竞争，到后来的渠道竞争，以及价格竞争，直到促销方面的竞争，竞争已经渗透到服装营销的各个方面。在竞争达到了白热化的程度时，终端成为最后的营销法宝，这就是所谓的"赢在终端"。

2007年，知名服装ERP供应商百胜软件携摩托罗拉企业移动业务在全国巡回开展"赢在终端"零售终端解决方案展示活动，途经上海、武汉、广州、深圳、福建、北京、杭州等城市，累计1186家服装企业代表出席了本次巡回展示活动。

在本次活动上，百胜软件隆重发布了可应对国内各种网络条件、商场条件、专卖店环境的4款零售终端系统，并且展示了终端数据的各种维度的统计分析功能，获得了与会代表广泛赞誉。许多通过部署百胜零售终端解决方案获得成功的客户纷纷发言，总结各自实际应用的成果。

为进一步推动中国品牌服装终端信息化进程，百胜在2008年继续在全国推进"赢在终端"零售终端解决方案展示活动，基本覆盖中国服装产业集中的城市或地区，有3000家服装企业能从中受益。

俗话说"没有销售的品牌不是好品牌"，积极利用终端信息化，促进销售。

研究国外强势品牌在零售终端运营方面的优势我们发现，这些成功的品牌都无一例外具备极其灵活的市场策略。如何才能根据市场和竞争对手的情况，及时做出营销对策呢？借助信息技术来实时获取终端数据就成为许多本土品牌获得商业成功的最有力手段。

如今，很多知名的服装品牌企业的信息系统已经完成终端范围内的信息集成，它们不但能够从系统中得到实时的市场销售数据和顾客信息，而且已经开始着手利用信息技术，解决分析报告购买行为、交易和促销信息以及重要的产品安全需求等功能。

1. 建立会员营销系统

建立会员营销系统，开展定向营销，不仅可了解顾客的真实需求，还可大大提高顾客忠诚度。品牌企业可以通过实施全部终端联网的信息化系统，实时地收集顾客资料，查询顾客购买情况，分析顾客喜好，导购员亦可由此作为为顾客推荐产品的依据。

2. 巧妙定价

在定价方面，采取全国统一的定价策略，树立品牌的统一形象，加强消费者对品牌定价的认知。在产品销售时，除非电脑故障，一般通过商品条码扫描，按电脑显示的统一价格及折扣付款，增强产品价格的权威性。

同时，由于品牌服装对价格的敏感，为有效地打击竞争者，争取市场份额，选用多样化的促销策略。除去常规的折扣、赠品、贵宾优惠外，不定期推出特惠精品，采用牺牲品定价的策略，吸引顾客，从而提升销售，扩大品牌影响力。

3. 增添一些特殊的促销形式

如新装登场，原价销售时，消费金额满 1000 元，给予 8 折优惠等。

此外，通过对终端销售数据的分析，还可及时地为企业开发设计产品提供指导，以及及时地调整营销对策，扩大销售业绩。

★终端决胜从货品开始

所谓货品就是商品，也指商品的品种。终端决胜也是从货品开始的！

货品管理原则

在服装店的货品管理过程中，有五个方面的内容是需要重点关注的。围绕这些内容，可提炼出以下五个需要遵循的货品管理原则：

1. 适品

众所周知，国内服装消费市场是非常庞大的。对于一般的服装品牌而言，能够同时在按地域划分出来的北方市场和南方市场中都取得优异的销售业绩是非常困难的。因此，大多数服装品牌在区域市场的选择上都做出了取舍，在北方市场或者南方市场上各有侧重。

之所以会形成这样的状况，是因为我国幅员辽阔，南北方消费群体由于欣赏眼光、体形特征、气候条件以及生活习惯等因素导致了差异巨大的消费习惯。

从我国的服装销售市场的状况出发，服装店进行货品管理时，首先需要遵循"适品"原则。所谓"适品"，即指店铺应该选择适当的商品进行销售。为确保货品达到"适当"的要求，应考虑同品牌下不同的产品在不同地域市场中的销售状况，表现出来的适应性以及所在地域目标顾客的消费习惯等因素。

2. 适所

"适所"是指服装店的货品应与适当的销售场所相匹配。对应不同店铺类型的服装销售，相应的货品管理特点如下：

（1）专卖店。服装品牌的专卖店包括形象店、旗舰店等，目前的趋势是店铺的面积越来越大。在类似专卖店这种面积较大的店铺中，顾客停留的时间相对比较长。为了充分利用顾客逗留期间的时间，这类店铺应尽量提高货品的丰富性，实现货品的"细店化"。

（2）商场专柜。相比之下，由于受到商场整体规模的约束和影响，商场专柜的经营面积不可能特别大。在相对较小的店铺中，顾客停留的时间比较短，主要产生的是即时性的、刺激性的购买行为。因此，在商场专柜这样小面积的店铺中，店铺越小，货品种类应越集中，以利用特色鲜明的货品在最短的时间内激发目标顾客的购买愿望。

3. 适量

所谓"适量"，是指对应服装店中货品的每一个款式都应该有适当的数量。在"适量"这个问题中，服装店铺应关注配货的数量、补货的数量以及相应的控制环节。

4. 适价

"适价"是指服装店铺中的货品价格应该比较适中，所有货品价格所分布的"价格带"比较适当。在把握"适价"原则时，应注意以下两个方面的内容：根据店铺的定位，价格带应相对比较集中；在相对集中的基础上，服装店的货品应包括一定数量的高价商品。

之所以在店铺的货品中需要安排一些高价商品，是因为在消费者的直观感觉中，高价格对应高档次；因此，一定数量的高价商品某种程度上代表了服装品牌的档次。另外，高价商品的成功出售还会分别对于店铺的导购以及顾客产生不同的心理影响：

具有了高价商品的销售经验，店铺导购将在以后的工作中对于高价商品的销售更加有信心；以高价商品为标杆，顾客会提高对于同品牌下其他价格商品的心理承受能力。

5. 适时

"适时"，即服装店在经营货品管理时，应把握好货品销售与时间的配合问题。对于处于销售生命周期不同阶段的货品，应运用不同的、与时间段相配套的货品管理方法。

服装货品展示的原则

对服装货品进行展示的时候，要遵循这样一些原则：

1. 醒目化

为了吸引消费者，便于消费者参观选购，零售卖场应根据服装的特点灵活选择服装的展示部位、展示空间、展示位置、叠放方法等，使顾客一目了然。

2. 丰富感

服装属于选购商品，消费者在购买时希望有更多的选择机会，以便对其质量、款式、色彩、价格等认真地比较。在陈列时服装整齐有序，货品齐全、丰富，能使消费者感到选择余地大，而且，店里有欣欣向荣的感觉。

3. 合理化

根据消费者的心理要求和购物习惯，对于同一品种或同一系列的服装应在同一区位展示。陈列的高度要适宜，易于消费者观看、感受，提高服装的能见度和正面视觉效果。

4. 艺术美

服装的陈列，应在保持服装独立美感的前提下，通过艺术造型使服装巧妙布局，相互辉映，达到整体美的艺术效果。

陈列的方法要新颖独特、构思巧妙，对消费者有一种挡不住的吸引力。

要讲究一定的审美原则，美观、大方、匀称、协调，还可以恰如其分地运用一些饰品等，充分运用艺术手法展示服装的美。

5. 说明性

服装的各种说明资料，如价格、货号、面料、品牌、产地等，应该全面、真实，便于消费者全面了解商品。

服装货品展示的形式

一般来说，服装货品展示的形式有这样几种：

1. 分类展示

即根据服装的品种、颜色、规格、档次等分别陈列。

男装，我国在规格上有四种体形分类代号，可以按照 A 型、B 型、C 型、Y 型分开展示，每一种型号的服装又可以按照胸围、腰围或身高由小到大排列。

女装，可以按照颜色的不同进行展示，黑色系列、白色系列、彩色系列等。

2. 背景展示

按一定主题展示服装，使销售卖场形成特定的氛围或情绪。例如，结合某一特定节日或事件，集中陈列适时适销的服装，或者根据商品的用途，在一个特定环境中陈列服装。

比如，在"六一"儿童节时，集中展示儿童服装；在春末夏初时，把游泳服装用品进行专题陈列。店内可以经常变换其展示品以反映季节或特殊事件，有时甚至可以变换店员服装以配合不同的场面，使每一特殊的主题都能吸引消费者，从而使购物更有乐趣。

3. 特写展示

即通过各种形式，采用烘托对比等手法，突出宣传陈列一种服装。服装公司在推出迎季新款服装时，常采用特写陈列的形式，如利用特殊光源照射或摆在明显位置，突出重点服装。

4. 整体展示

目前，一些服装品牌热衷于这种展示方法，即不是严格地分组、分类来展示商品（如 T 恤衫、夹克、衬衫、西服等），而是以展示服装完整的总体效果为主。因此，模特可能穿着搭配适宜的 T 恤衫、夹克、衬衫和西服，也可以通过不同的展台进行搭配。消费者喜欢能想象出的整体着装效果，往往形成连带销售。

★ 服装产业的 O2O

毫无疑问，O2O 是 2013 年服装零售行业的最大亮点，这是移动互联网的快速发展给零售行业带来的机遇。在国内 B2C 高速发展的 5 年，也是"传统渠道危机论"不断声势壮大的时期，马云等电商大佬也在不断灌输和强化这种危机，一度让传统企业茫然失措，这种危机论不仅在我国出现，亚马逊也在逼迫百思买和巴诺书店转型。

在危机之下传统零售企业纷纷触网，跟纯网购平台打起价格战，以短博长，更加艰难，而品牌企业的触网多以左右手互搏为主，线上的低价倾销让传统渠道利益受损，在沃尔玛、塔吉特、百丽和苏宁等逐渐清醒之时，移动互联网大潮爆发了。

PC 端的互联网应用正在快速转移到移动端，这同时使得传统零售的电商模式从 PC 端的 B2C 向移动端的 O2O 转换，线下高成本的体验、服务不再是网购的短板，而是跟用户互动的基础，从全球来看，基于移动的 O2O 模式正在成为传统零售电商的核心。

中西方的零售环境不同，包括行业集中度、商业模式、供应链控制力等，所以一味照搬西方经验很难成功，以服装为例，知名服装品牌也都在我国互联网环境中做各种移动 O2O 的尝试，还需要时间来验证，比较有代表性的有：

门店模式：优衣库

门店模式是指把门店作为 O2O 的核心，强调 O2O 为线下门店服务的工具性价值，O2O 主要用来为线下门店导流、提高线下门店销量。

例如，线上发放优惠券线下使用，增加门店销量；线上发布新品预告和相关搭配，吸引用户到店试穿、刺激用户购买欲望；收集门店用户数据，做精准营销；通过地理位置定位功能帮助用户快速找到门店位置，为线下门店导流等。

以线上向线下导流的门店模式，主要应用于品牌号召力较强，同时销售以门店体验和服务拉动为主的服装品牌，所以手机 App 的主要功能是向线下门店导流，具体模式有：门店查找、优惠券、品牌宣传等，也都有手机商城，方便用户直接下单，该模式的代表性践行者有优衣库、GAP 中国等。

优衣库一直坚信实体渠道（门店）对于消费者而言有着巨大的价值，O2O 的主要作用是为线下门店提供服务，帮助线下门店提高销量，并做到推广效果可查、每笔交易可追踪。

早在 2013 年 4 月份，优衣库就实现了"门店＋官网＋天猫旗舰店＋手机 App"的多渠道布局。优衣库的 App 支持在线购物、二维码扫描、优惠券发放以及线下店铺查询。其中在线购物功能是通过跳转到手机端的天猫旗舰店来实现的，优惠券发放和线下店铺查询功能主要是为了向线下门店引流，增加用户到店消费的频次和客单价。

优衣库的 O2O 布局简单、直接、有效，在策略方面，优衣库已经实现了线上线下的双向融合，首先，App 上所展示的优惠券、二维码都是专门为门店设计的，只能在实体店内才能扫描使用，实现从 App 直接能引流到门店；其次，优衣库店内商品和优惠券的二维码也是专门为自有 App 设计的，只能用优衣库的 App 才能扫描识别，从而将线下门店里的消费人群吸引到线上，提高了 App 下载量和使用率，利用 App 的优质功能，这些优衣库 App 的使用者又会成为门店更忠实的消费者，从而形成良性循环。

私人定制模式：绫致时装

私人定制模式是指利用 O2O 工具（第三方 O2O 平台、自有 App 等）建立起品牌商与消费者之间的长期联系和无缝沟通，充分利用国内微信、微淘等移动 App 大入口的便利优势，结合自身的服务、体验，进行融合式的创新，为用户提供个性化的服务和体验创新。

一方面，品牌商可以基于消费者过去的消费记录向其单独推送商品和优惠信息；另一方面，消费者也可以主动向品牌商提出自己的个性化需求（预约试穿、送货上门等），品牌商会有专人为其提供一对一服务，满足消费者对服装品牌的"私人定制"。

该模式由绫致时装公司首创，目前也在积极实践中，绫致旗下品牌有杰克琼斯和ONLY等，依靠一对一的导购来提升销售额，导购服务和试穿服务相对优衣库来说更加关键，如何利用移动O2O将线上的便利性和线下的一对一导购、试穿融合，是O2O模式成功的关键。

绫致的O2O主要体现在与腾讯微生活的战略合作上。目前，利用微信的公众账户＋微购物平台做入口，暂时只有品牌营销、新品宣传、手机购物等功能，正在测试跟导购的一对一融合，实现在线导购、预约试衣等功能，用户到店之后，导购人员会根据用户的需求进行服装推荐和精准度更高的导购。

这种"私人定制"的导购可以让用户提前筛选服装，节省用户的时间，门店导购可以提前安排，比如：选定服装款式提前准备好，导购人员还可以根据用户的特殊需求做服装的个性化推荐。

绫致是典型的导购驱动型公司，导购与消费者之间的亲密互动是促成门店销量的关键因素，因此微信所具有的便利的即时沟通方式、庞大的用户基础和社交关系网更符合绫致期望通过O2O实现"私人定制"的未来设想，绫致的O2O布局非常高调，不仅有高层现身讲述经验，腾讯微生活也在推广微购物时将其作为成功案例加以宣传。

生活体验店模式：美特斯邦威

生活体验店模式是指品牌商在优质商圈建立生活体验店，为到店消费者提供WiFi、平板电脑、咖啡等更便利的生活服务和消费体验，从而吸引消费者长时间留在店内使用平板电脑或手机上网，登录和下载品牌自有App，以此实现线下用户向手机App的转化。

该模式在服装零售行业的典型实践者是美特斯邦威。

以"不走寻常路"著称的美邦服饰在 O2O 方面也多有尝试，过去半年，美邦先是与微信合作，后来又开始与支付宝、微淘合作，最近美邦提出了"生活体验店＋美邦 App"的 O2O 模式，并在全国推出了 6 家体验店。

美邦期望通过这些体验店提供的舒适上网服务将消费者留在体验店内，店内提供高速 WiFi 环境和惬意的咖啡，有大量的公用平板供用户使用，用户喝着咖啡登录美邦 App 购买商品，也可在 App 下单后选择送货上门，以此实现线下向线上导流。

生活体验店模式在服装零售 O2O 领域是一个大胆、新颖的尝试，在这种模式下，门店将不再局限于静态的线下体验，不再是简单的购物场所，而是购物的同时可以惬意地上网和休息，尤其给陪着爱人购物的男人们提供一个惬意的环境来休息，他们无聊的时候可以喝着咖啡上网，浏览一下美邦 App 上的商品介绍，或者直接手机下单，快递到家里去，这会加大美邦 App 的下载量，为用户的手机网购使用量和下单量打好用户基础。

粉丝模式：歌莉娅

粉丝模式是指品牌商把 O2O 工具（第三方 O2O 平台、自有 App 等）作为自己的粉丝平台，利用一系列推广手段吸引线下用户不断加入进来，通过品牌传播、新品发布和内容维护等社会化手段粘住粉丝，定期推送给粉丝优惠和新品信息等，吸引粉丝直接通过移动 App 购买商品。尝试粉丝模式案例的有歌莉娅。

歌莉娅在 O2O 方面选择了与阿里旗下的微淘合作，去年 10 月，歌莉娅在精选出的全国各地近百家门店内摆放了微淘活动物料，吸引到店顾客通过扫门店内的二维码成为歌莉娅微淘粉丝，再加上店铺营业员的针对性引导和现场扫码引导，短短 5 天内让歌莉娅的粉丝增长了 20 万，据统计，活动期间共有超过 110 万用户打开手机访问了歌莉娅天猫店铺。

粉丝模式适合中小型服装品牌，利用社会化平台的粉丝聚集功能，通过门店对现场用户的引导，然后通过粉丝在线互动提高黏性，这样在新品发布、优惠活动或者精准推荐的拉动下，可以提高移动端的网购能力。

歌莉娅是通过门店将用户拉到微淘的歌莉娅账户，成为其粉丝，随时接收歌莉娅的新品推荐、活动发布、穿衣搭配建议等信息，然后微淘的推荐链接可以直接指向天猫 App 的歌莉娅旗舰店，促进直接下单。

这种模式实际上是线下向线上反向导流，可以提高用户移动购物的频率和黏性，可以有效避免线上线下价格不一致导致的互搏困境。

以上服装零售移动 O2O 的模式还都在探索期，国内服装品牌的行业集中度太低，品牌黏性都没有养成，这时候品牌自己搞移动 App 有难度，可以借助第三方移动 O2O 入口，例如微淘、微信等，结合自身零售体系特点和目标用户特征，摸索更个性化的移动 O2O 解决方案。虽然没有行业标准答案，但是对服装品牌来说，移动 O2O 的大方向是提高门店竞争力，充分利用移动端的互动优势，提高用户到店消费的频率、转化率和提篮量，移动是工具，零售是本质，两者充分结合是未来服装品牌电商化的核心。

对于 O2O，我们大都会直观地理解为，其存在价值是为线下商户提供线上营销，最终为商户带来消费。因此，很多致力于在 O2O 领域创业的人都觉得，只要想办法从线上吸引用户消费，就成功了一大半。如果这样想，倒真的是很危险了！

O2O 的水很深，如果不弄清本质，知其然不知其所以然地做 O2O，一定会在模式的问题上被折腾得十分窘迫。不但成功率低，还很可能短寿，昙花一现。已经开始运营 O2O 的勇士更应当慎之又慎。

1. O2O 要不断实现优质商户和消费者的最优化对接

对于传统服务和零售行业来讲，电子商务蓬勃发展的多年间，一直被绝缘在线下。当越来越多的消费者把更多的时间花在互联网上后，通过线上营销方式吸引消费者，已经成为传统服务和零售行业的必然需求。但线下消费注定了营销的本地化特性，传统的线下营销捕获的正是周边消费群体。

互联网则漫无边际，用户海量，如果缺乏有针对性的推广，则是大海捞针，费力不讨好，商户宁愿选择传统营销手段。因此，如果O2O能为服务、零售行业提供有针对性的推广，理论上才可以成为它们的一种全新的营销手段。

那么如何"有针对性的营销推广"就成了线上营销服务的一个课题。线上有海量信息，如果都用推送方式让用户被动接受，用户一定会招架不住，最后崩溃。因此，互联网的特征是，用户更希望主动获取信息，反感讨厌推送，他们更愿意通过搜索后评估来选择自己需要的信息和应用。所以，有了互联网后，就有了搜索，也必然能成就"百度"这样的巨无霸式搜索平台。

对于O2O同样如此，用户在线上只是希望主动获取，反感被动推送。因此这种"有针对性的营销推广"平台就要实现优质商户和消费者之间的最优化对接。这将是O2O平台的最大课题，这里就点到即止。

2. O2O要成为终极业态的精准营销服务

营销的目的是为了促成更多的成交，持续获得最大化的利润；另外，营销是一种投入。任何商户都希望投入和投入风险的最小化。这两种最小化最终体现在按效果付费。最公平的"按效果付费"的方式则是按成交金额提取佣金。根据营销规律，这个佣金率平均应在3%以下。

传统线下营销推广方式无法实现"按效果付费"，恰恰相反，信息数据化的互联网技术能够高效、准确地记录任何一笔成交数据，从而实现"按效果付费"。因此，互联网对于营销来说，最具革命性的一点，就是能通过技术手段实现营销"按效果付费"。

对于商户来讲，按效果付费的营销才是真正意义上的精准营销，而按成交金额提取佣金的营销服务则是精准营销的终极业态。如果O2O不能充分利用这一优势，进入这种精准营销的终极业态，就不是先进的、商户认可的营销服务，毫无价值可言，也就会成为无法持久存在的营销服务方式。

3. O2O平台的运营推广是包含线上线下的整合营销

线下消费注定了传统服务和零售行业的本地化特征，因此商户无法舍去线下营销这一块；从商户的角度看，O2O平台等同于众多商户的不拿底薪的业务员，为商户提供的是终极业态的精准营销服务，不仅仅是线上营销这么简单，反而要引用邓小平的一句话：不管白猫黑猫，抓到老鼠就是好猫。

也就是说，这样的业务员要促成成交的达成，就不能分线上线下。尤其是初期的推广，更需要从线下动脑筋，精准地获取更多用户。因为，传统线下推广都是通过让消费者被动接受的方式，而恰好，消费者虽不接受线上的被动营销，却能接受线下的被动营销。所以，要打开市场，理当更多地选择线下的推广。一定不要以为O2O就是从线上到线下，从线下到线上再到线下同样也是O2O。

另外，O2O整合了本地较多的商户，而当O2O平台充分动员商户联合开展线下推广，则推广的力度和效果是不可预估的。当然，这就需要动动脑筋，让商户积极配合，联合起来，让1＋1＞11。从利益角度看，平台运营商和商户根本就站在同一条战线上，因此在线下推广上争取商户的合作是完全可行的，就看你用什么办法了。

综上所述，O2O的本质是营销，但不仅仅是线上的营销，而是实现了终极业态的、充分资源整合的精准营销，O2O的核心任务是实现优质商户和消费者的最优化对接。

深刻理解了这个本质，才会在O2O领域立于不败之地。

★春天不会遥远

2013 年，彭丽媛随国家主席习近平首次出访，其身着国产品牌精彩亮相，引发国人热烈追捧。我觉得，彭丽媛的选择将给国产品牌注入自信的力量，不仅会产生强大的示范效应，还有望带动国内其他优质本土品牌服饰的消费热潮。这股热潮目前在国内服装行业持续发酵，一些有十年以上历史的服装企业纷纷开出第二品牌，我国服装业的春天来了。

国际服装服饰博览会：向服装强国蜕变

作为亚洲最具影响力的服装商贸专业展会，第21届中国国际服装服饰博览会共接待包括服装企业、设计师、经销商、代理商、时尚买手等专业观众超过10.5万人。

主办方表示，近几年来，受到国际经济环境的影响，我国服装行业所处的发展大环境已经发生了改变，靠速度、规模、低成本等要素发展的时代一去不返。面对内外部市场环境的变化，我国服装产业在经历了近30年的高速增长之后，已进入转型升级的过渡阶段，可以预见，未来几年将是我国服装产业发展的关键时期。

与国内品牌参展热情不断提升相对应的，海外服装品牌对进入我国市场兴趣越发浓厚，CHIC2013海外展团数据显示，今年是海外参展品牌数量最多的一次，超过了400家。从德国的实用、法国的浪漫、土耳其的奢华，再到意大利的风情，海外展团就像在演绎一部世界时装纪录片，基本覆盖男装、女装、皮革、皮草、孕婴童、针织、鞋、饰品等各个品类。

YIDIAN 女装：做品质才能赢得市场

国际服装展、服装周这样的平台给服装企业更多展示品牌形象的机会，而也有一些依靠品质过硬赢得口碑的企业受到加盟商的特别青睐。在第21届中国国际服装服饰博览会上，YIDIAN品牌以其丰富的产品阵容、独一无二的产品款式吸引了国内外众多品牌服装加盟商、百货业的眼球，成为行业合作者的首选品牌，客户签约数量独占鳌头。

问及受关注的原因，YIDIAN品牌负责人表示，服饰市场高消费群体追求品牌的时代已经过去，品牌的核心在于产品的品质，而YIDIAN就是做品质的代表。YIDIAN通过顾问式的服务，打造高级私人服饰会所，诉求提升高端客户群的生活品位。

施华布朗：首部微电影深圳开机

最近备受深圳时尚界关注的，还有高端女装品牌施华布朗定制的时尚励志言情微电影《爱情曲别针》开机，该片将于2013年5月10日在目前世界最高的京基瑞吉酒店进行全球首发，为时尚题材微电影的拍摄树立新的标杆。

《爱情曲别针》讲述的是在时尚光鲜的欲望之都深圳，独立自我的大龄单身女性对爱情的追寻和思考，由总部刚刚迁入深圳的高端女装品牌施华布朗投资，由执导过《时尚影响深圳30年》、《深航大运空姐》的深圳本土时尚导演詹皇虎执导，并邀请到在《太平天国》、《至尊红颜》、《汉武大帝》等剧中有精湛演出的著名演员杨童舒担任女主角。

施华布朗相关负责人表示，此次拍摄微电影，主要目的是借此对品牌产生推进作用，吸引更多消费群体的关注。

少淑装品牌iK：想为知名年轻人设计服装

2013年4月2日，深圳全新少淑装品牌iK亮相，设计师为知名年轻人的设计手稿引发关注。

iK品牌是元和集团旗下深圳市黄裳服饰的本土原创品牌，iK品牌锁定的核心目标消费层是年龄25~35岁、受过良好的教育、具有非凡的时尚需求和着装品位、关注自我形象、对潮流敏感、独立自信、崇尚生活品质、追求自由浪漫、收入稳定的社会型新女性。

与 iK 来自同一集团的有一个知名度较高的品牌——况珈儿，这也是品牌升级的一个重要举措。iK 定位为少淑风格，将不断拓展及丰富产品线，立志成为我国女性约会装扮的第一选择。

我相信，借着国产服装崛起的春风，占据全国半壁江山的服装品牌将迎来更大的发展机遇。对于服装企业来说，向内地城市乃至二、三线城市进军、开设网上销售平台、开发更多与消费者互动的渠道等，将是近年来努力的方向。

参考文献

1. 刘德寰等. 透视电商——网络购物消费者研究 ［M］. 北京：机械工业出版社，2013.

2. 程成. O2O 应该这样做 ［M］. 北京：机械工业出版社，2014.

3. 戴宏钦. 服装电子商务 ［M］. 北京：化学工业出版社，2014.

4. 沈红兵. 网络零售整合营销 ［M］. 北京：清华大学出版社，2012.

5. ［英］韦斯特伍德. 互联网时代的新营销 ［M］. 林小夕，张卉竹译. 北京：企业管理出版社，2012.

后　记

鞋子大小，穿在脚上才知晓！

通过本书八个章节的介绍，相信读者朋友们一定对零售的奥秘有了很多了解。可是，零售是个大系统，并不是简单了解几种方法就可以完全解决自己的问题的。

不管是实体店，还是网店，都有自己的特点。虽然说，学习他人的长处、补充自己的短处确实是一个成长的良方，可是具体要学习什么、哪些是适合自己的，却是每个商家都要认真考虑的。因为，鞋子大小，只有穿在自己脚上才知道！

不可否认，互联网时代的到来确实给传统零售业带来了严峻挑战和冲击。可是，我们相信，在未来的很长一段时间里，传统渠道依然会是社会消费的主流。面对阿里上市和在线业务的持续增长，很多传统零售商会倍感压力。但很多数据也都说明，实体零售依旧占据着90%以上的市场份额；尤其是对一些大宗消费品，电商所占份额更是少之又少！

电商之所以能够在激烈的销售竞争中处于优势地位，主要是因为它建立了实体店不可获得的独特优势——"无限"的可选择性。可是，任何一种独特优势都隐藏着独特的弱点。"无限"的商品，不仅意味着"无限"的选择，还意味着大量商品信息的重叠。

消费者做出最佳的选择和给予消费者更多的选择，是两个截然不同的概念！电商虽然可以根据客户的消费数据库来推荐同类型商品，但它无法给客户推荐真正合适的商品。比如，客户购买了一款时装，或浏览过某个商品的网页，推荐系统就会接连不断地向他推荐同类型商品；电商只能给客户推荐商品，并不能帮助他们消费。可是，在零售门店中，践行的依然是传统的商品推荐逻辑。

要想完全超越实体零售，电商还有很长的路要走。可是，由于对在线业务的不了解，很多零售商都错误地认为电商的经营成本更低。与动辄数百平方米的专卖店建设和管理经营费用相比较，虚拟空间的建设费用确实比较少。可是，要知道，无论是实体店，还是在线商城，硬件投入只是多项交易成本的一个方面，交易最大的成本其实在于流量和转化。

与实体店相比，线上业务的流量入口很宽，但竞争也是无边无际的。据说，在2014年"双十一"，有个知名男装品牌当日的天猫成交额多达1.4亿元，可是在前期仅购买流量就使用了1300多万元，这要远远多于线下门店开展业务的成本投入，而其背后庞大的团队供养更需要一笔巨大的投入。

究竟哪个划算？"鞋子大小，穿在脚上才知晓！"电商之所以能够赢得市场优势，并不是因为它在价格上更低，而是因为它的可选择性让实体店无可奈何！